啦啦操

全民健身项目指导用书

王艳威◎主编

吉林出版集团股份有限公司　全国百佳图书出版单位

图书在版编目（CIP）数据

啦啦操 / 王艳威主编. —— 2版. —— 长春：吉林出
版集团股份有限公司, 2010.2（2024.8重印）
　全民健身项目指导用书
　ISBN 978-7-5463-2398-5

　Ⅰ.①啦… Ⅱ.①王… Ⅲ.①健身运动－基本知识
Ⅳ.①G883

中国版本图书馆 CIP 数据核字(2010)第 028389 号

全民健身项目指导用书

啦啦操
LALACAO

主　　编	王艳威
责任编辑	关锡汉
封面设计	吕宜昌
开　　本	650mm×960mm　1/16
印　　张	8
字　　数	60 千
版　　次	2010 年 2 月第 2 版
印　　次	2024 年 8 月第 4 次印刷
出版发行	吉林出版集团股份有限公司
地　　址	吉林省长春市福祉大路 5788 号
邮　　编	130000
电　　话	0431-81629968
电子邮箱	11915286@qq.com
印　　刷	三河市金兆印刷装订有限公司
书　　号	ISBN 978-7-5463-2398-5　定　价　39.80 元

序 言

自 1995 年我国政府推出《全民健身计划纲要》以来，我国群众性体育活动蓬勃发展，取得了显著的成绩。2008 年，举世瞩目的北京奥运会的成功举办，极大地激发了亿万人民群众的体育热情，增强了全社会的体育意识，营造了浓厚的全民健身氛围。面对这样的可喜局面，群众体育科研、教学工作者应义不容辞地为社会实践服务，从不同角度思考，如何使普通百姓通过简而易行的身体锻炼方式、方法和手段达到良好的健身效果，达到拥有健康的目标，从而享受生活、享受快乐人生。该书系就是在这样的思想指导下诞生的。

本书系能够顺应国家体育的大政方针，掌握时代脉搏，对指导大众健身，使大众掌握健身方法和手段有很好的促进作用。

本书系图文并茂，实用性强，分为球类运动、体操健身运动、传统武术、冰雪运动、水上运动、体育舞蹈、休闲运动、格斗运动、民间体育活动和极限运动等十大类项目，计 100 分册，按照统一的体例，力争有所创新。每册的具体内容为该项目的起源与发展、运动保健、基本技术、运动技巧、比赛规则等，使读者在学习过程中，不仅能够学会运动健身的方法，同时还能够学到保健方面的基本知识。

　　经国务院批准，自 2009 年起，将每年的 8 月 8 日定为"全民健身日"。《全民健身项目指导用书》的出版，必将为开展全民健身活动起到积极的推动和指导作用。

目录 CONTENTS

目录 CONTENTS

第一章 概述

啦啦操是在音乐的伴奏下，以徒手或手持轻器械的舞蹈或技巧动作作为主要表现形式的体育运动。在比赛间隙，啦啦操表演可以起到为比赛助威、加油和调节气氛、提高比赛观赏性的作用。

第一节

起源与发展

啦啦操是体育运动中的一个新兴项目，最初是为美式足球呐喊助威的活动，后来逐渐发展成为一个独立的体育运动项目。

啦啦操运动的起源可以追溯到早期部落社会的仪式，当时为了激励外出打仗或打猎的战士们，人们会举行一种仪式，在仪式中用族人欢呼、手舞足蹈的表演来鼓励战士，希望他们能凯旋而归。

现代啦啦操运动起源于美国，它是伴随着竞技体育运动出现的一项新型体操项目，遍布美国的 NBA、橄榄球、棒球、游泳、田径等比赛现场，至今已经有 100 多年的历史。

团队啦啦操所用时间一般在 90～120 秒之间，个人啦啦操只有 40 秒或 60 秒，基本没有准备时间与过渡阶段，整套动作要求既紧凑，又能起到活跃气氛、调动赛场互动情绪的作用。因此，无论对于编排者还是参演者，都提出了相当高的要求。

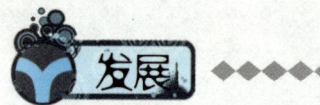

啦啦操是一项集体操、舞蹈、音乐、健身、娱乐于一体的健身运动，在美国诞生之后，很快风靡世界各地。

早在 20 世纪 80 年代，美国就在国内组织了正式的啦啦操比赛，随后比赛活动迅速在全球蔓延，并且逐步演变成为一个体育竞赛项目。

在亚洲，啦啦操运动在日本等国也很普及。

概述

随着人民生活水平的不断提高，啦啦操所特有的保健、医疗、健身、健美、娱乐等方面的实用价值越来越受到人们的重视，吸引了不同年龄的爱好者参与，并形成了一定的运动规模。

发展趋势

为更广泛地开展群众性体育活动，增强人民体质，推动我国社会主义现代化建设事业发展，1995 年 6 月，国务院提出了《全民健身计划纲要》，号召全社会广泛开展全民健身运动。目前，全民健身运动在全国范围内蓬勃发展，具有中国特色的全民健身体系的框架已经初步形成。全民健身运动的开展，有利于提高人民的生活质量，丰富业余文化生活，促进社会进步；有利于加强社会主义精神文明和物质文明建设，提高我国的综合国力，振奋民族精神。

啦啦操运动比较适合青少年或年轻女性参与，是全民健身项目不可或缺的组成部分。我国的啦啦操运动起步较晚，直到 2001 年，啦啦操才开始正式进入国内，目前广西、广东、北京、武汉、成都等省市开展得比较好。借 2008 年北京奥运会的契机，"北京奥运会体育展示现场表演啦啦操选拔比赛"应运而生，很大程度上推动了啦啦操运动在我国的推广与普及。

第二节

场地和装备

啦啦操运动对场地和装备的要求并不高，但是高质量的场地是运动顺利开展的前提，而良好的装备则是练习者发挥较高水平的必要保证。

场地

一般情况下，啦啦操可以在普通场地进行，但是高水平的训练则

应该在健身馆中进行，以保证运动的舒畅，避免运动损伤的发生。

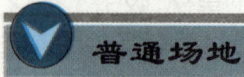
普通场地

❄ 规格

普通场地较为灵活，平坦、干净的水泥地，混凝土地和沥青地都可以作为啦啦操练习和表演的场地。

❄ 要求

场地应空旷、通风，这有利于练习者的身体健康。

健身馆　　见图1-2-1

❄ 规格

健身馆应保持干净，地面最好是专业地板。

❄ 设施

健身馆一定要有镜子，这样练习者可在镜前练习，并及时纠正自己的错误动作。表现力较好的练习者可在镜前一边练习一边欣赏自己优美的动作。

❄ 要求

（1）健身馆的光线必须充足，并且通风条件良好。

（2）地面应经常打扫并保持整洁，这对练习者的健康是十分重要的。

图1-2-1

 装备 ◆◆◆◆◆◆◆◆◆

　　练习啦啦操时最好穿专业的健身服和健身鞋,这样既有利于动作的表现力与美感,又可避免不必要的运动损伤。

 服装　见图1-2-2

❄ 款式

　　最好穿着弹性好的健身服,成分以棉和莱卡为宜。另外,服装应随季节的变化而调整。

❄ 要求

　　(1)由于啦啦操练习的运动量较大,练习者的体温升高较快,排汗量较多,应选择吸汗效果好的健身服。

　　(2)啦啦操的动作幅度较大,应选择弹性好的紧身运动衣裤。

　　(3)如参加正规比赛,全队服装应统一,自然大方。

图1-2-2

 鞋　见图1-2-3

　　鞋最好选用标准的健身鞋,如果没有,也可以用底部较软的运动鞋代替。

图1-2-3

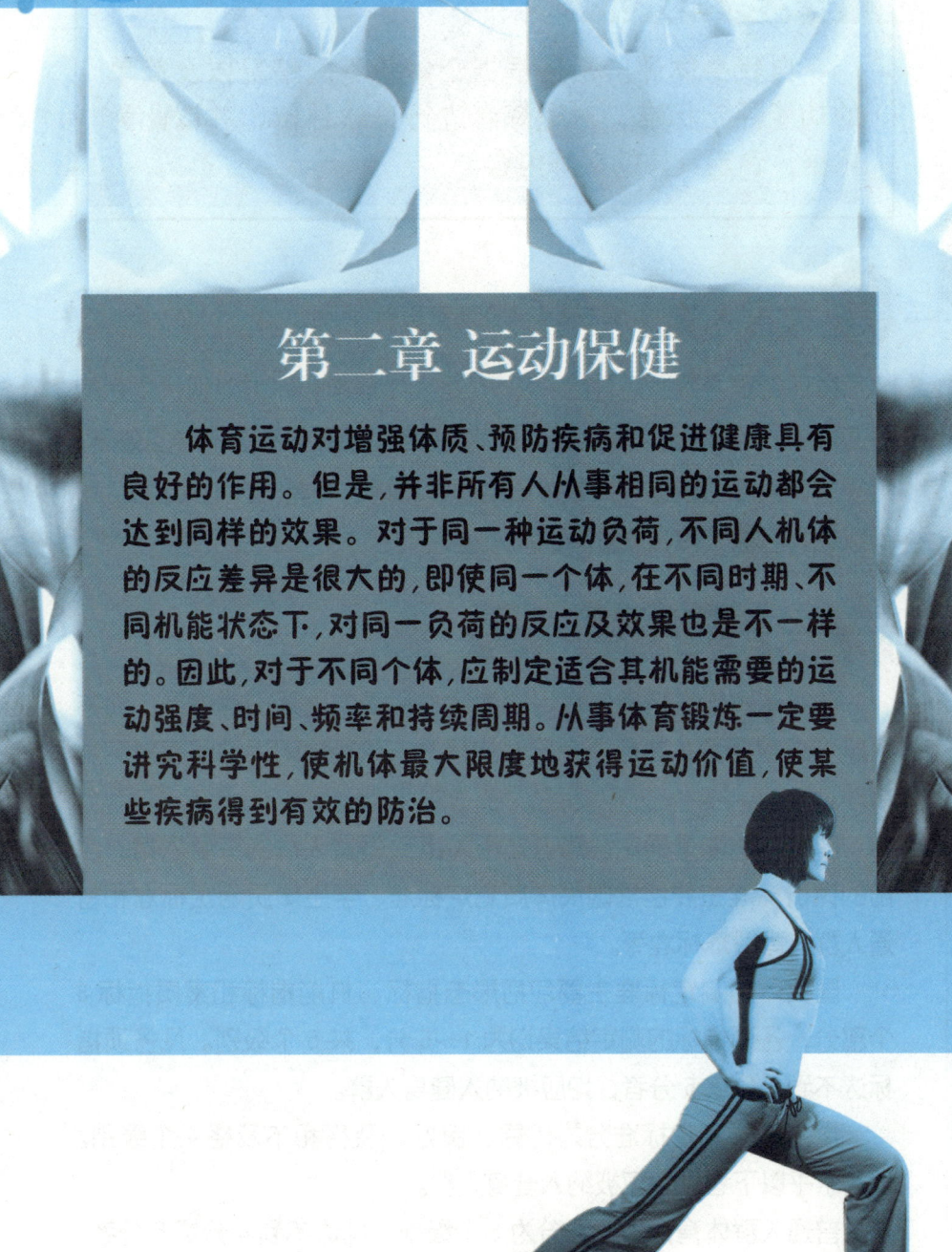

第二章 运动保健

　　体育运动对增强体质、预防疾病和促进健康具有良好的作用。但是,并非所有人从事相同的运动都会达到同样的效果。对于同一种运动负荷,不同人机体的反应差异是很大的,即使同一个体,在不同时期、不同机能状态下,对同一负荷的反应及效果也是不一样的。因此,对于不同个体,应制定适合其机能需要的运动强度、时间、频率和持续周期。从事体育锻炼一定要讲究科学性,使机体最大限度地获得运动价值,使某些疾病得到有效的防治。

第一节

自我身体评价

　　自我身体评价是指根据个体的不同情况以及简单的功能评定标准，对锻炼者进行身体评价，并以此为依据，确定具体的锻炼内容。

适宜人群

　　体适能是全身适应性的一部分，是人体精神和体力对现代生活的适应能力。为了促进健康，预防疾病，提高生活质量和工作学习效率，几乎所有人都可以追求健康体适能，而且经过简单的评价和测试，均可以成为目标人群，即适宜人群。

健康体适能评价标准

　　健康体适能是指身体有足够的活力和精力处理日常事务，而不会感到过度疲劳，并且还有足够的精力去享受休闲活动和应对突发事件。

　　健康体适能是确定锻炼者是否为运动适宜人群的主要依据。目前的评价标准主要包括国民体质测定标准、学生体质测定标准和普通人群体育锻炼标准等。

　　国民体质测定标准主要包括形态指标、机能指标和素质指标3个部分，各项指标的测定结果均为1～5分，共5个级别。凡各项指标达不到4分或5分者，均应被纳入健身人群。

　　学生体质测定标准分为优秀、良好、及格和不及格4个级别。优秀水平以下者，均应被纳入健身人群。

　　普通人群体育锻炼标准分为5个级别，凡达不到4分或5分者，均应被纳入健身人群。

简易运动功能评定

简易运动功能评定的目的在于确定锻炼者有无运动禁忌症或临时运动禁忌的情况，即是否适合参加体育锻炼，以达到防备万一、避免意外事故发生的目的。目前通行的方式为 3 分钟踏台阶测试。

目的

测试锻炼者运动后心率恢复的情况，以评估其心肺功能。

器材　见图 2-1-1

30 厘米高的长凳、节拍器、秒表和时钟。

步骤　见表 2-1-1

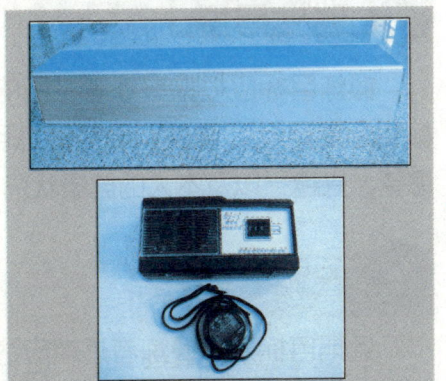

图 2-1-1

（1）节拍器设定为每分钟 96 次，锻炼者依"上上下下"的节拍运动 3 分钟。

（2）锻炼者完成 3 分钟踏台阶后，5 秒钟内开始测量其脉搏，时间为 1 分钟，记录其心率，并依据下表评价其功能水平。

（3）运动后心率越低，证明其心肺功能越好。在运动强度允许的范围内，锻炼者可选择运动强度的较高值来进行运动。

 表 2-1-1　　**3 分钟踏台阶测试评价表**

	年龄(岁)	欠佳(次)	尚可(次)	一般(次)	良好(次)	优异(次)
男士	18~25	>115	105~114	98~104	89~97	<88
	26~35	>117	107~116	98~106	89~97	<88
	36~45	>119	112~118	103~111	95~102	<94
	46~55	>122	116~121	104~115	97~103	<96
	56~65	>119	112~118	102~111	98~101	<97
	65+	>120	114~119	103~113	96~102	<95
女士	18~25	>125	117~124	107~116	98~106	<97
	26~35	>128	119~127	111~118	98~110	<97
	36~45	>128	118~127	110~117	102~109	<101
	46~55	>127	121~126	114~120	103~113	<102
	56~65	>128	118~127	112~117	104~111	<103
	65+	>128	122~127	115~121	101~114	<100

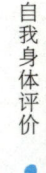

注意事项

如锻炼者经过努力仍无法达标，或出现头晕、胸闷、出冷汗等症状，应立即终止测试。运动中应特别考虑运动强度，以防止出现意外。

锻炼目标

锻炼目标应根据锻炼者不同的身体状况来确定，可分为近期目标和远期目标。此外，确定锻炼目标还应结合锻炼者的运动意向、愿望、兴趣，以及本人的健康状况、疾病程度等因素来进行。

近期目标

近期目标是指锻炼者近期应达到的目标。在进行运动之前，应首先明确锻炼目标，即近期目标。选择一两个健康体适能构成要素，作为未来两个月内努力完成的目标，而且应从成功概率较高的构成要素开始，并将预期两个月后要达到的目标做上记号，如提高某个或某些关节的活动幅度，增强某个肌肉群的力量等。

远期目标

远期目标是指锻炼者最终要达到的目标。实践证明，经过科学合理的锻炼后，锻炼者是可以达到一般的远期目标的，如提高心肺功能，使其达到优秀的等级，或达到降血脂、防治高血压和冠心病的目的等。

运动负荷

运动负荷即运动量。怎样控制运动量，合适的运动时间是多少等，一直是人们争论不休的问题。但有一点是可以肯定的，那就是任何有关身体活动的意见和建议，都需要综合考虑锻炼者的身体状况和所要达到的目标，并以此为依据来制订科学的身体锻炼计划。

 **运动强度**

在运动过程中，运动强度过小，则无法达到锻炼的效果；运动强度过大，不仅达不到最佳的锻炼效果，还可能产生一些副作用，甚至出现意外事故。确定运动强度有两种方法，即心率简易推测法和主观感觉疲劳分级表推测法。

心率简易推测法

（1）年龄在 20 岁左右的年轻人，身体健康，能坚持体育锻炼，欲进一步提高身体机能，可取最大心率值（最大心率值 ＝220 － 年龄）的 65%～85%。

（2）年龄在 45 岁以下，身体基本健康，有运动习惯者，开始进行健身锻炼，可取最大心率值的 65%～80%，没有运动习惯者，开始进行健身锻炼，可取最大心率值的 60%～75%。

（3）年龄在 45 岁以上，身体基本健康，有运动习惯者，开始进行健身锻炼，可取最大心率值的 60%～75%，没有运动习惯者，建议根据自身情况咨询专业人员来指导和确定运动强度。

主观感觉疲劳分级表推测法　见表 2–1–2

运动的疲劳程度大致分为 10 级,具体为:0～1 级,没感觉;2～3 级,尚轻松;4～5 级,稍累;6～7 级,累;8～9 级,很累;10 级,精疲力竭。因此,健身锻炼的运动强度应控制在主观感觉疲劳程度的 4～7 级。

表 2–1–2　　**主观感觉疲劳分级表**

0 没感觉	.	2 尚轻松	.	4 稍累	.	6 累	.	8 很累	.	10 精疲力竭

 **运动频率**

运动频率是指每日及每周锻炼的次数。一般每周锻炼 3~4 次，即隔日锻炼 1 次即可。有充足的休息时间，可使机体得到充分的休息，收到更好的锻炼效果。

 运动持续时间

运动强度和运动持续时间，决定了一次锻炼的运动量和热量消耗。运动持续时间与运动强度成反比，运动强度大，运动持续时间可相应缩短，运动强度小，则运动持续时间应相应延长。

一般的健身锻炼，运动持续时间以每天 20~60 分钟为宜，其中包括准备活动时间、健身锻炼时间和整理活动时间。每次健身锻炼应在 20 分钟以上，锻炼可一次性完成，也可分段进行，但每段的活动时间应在 10 分钟以上。

第二节

运动价值

运动价值是人们一直在探讨的问题。一般认为，运动具有两方面的价值，即健身价值和心理价值。身体和精神的健康是相互依存的，伴随着身体功能的改善，精神状况也能同时得到改善。

 **健身价值**

健身价值在于提高体适能。体适能包括心肺耐力素质、肌肉力量素质、柔韧性素质和身体成分等。体适能的发展是积极从事锻炼的结果，只有规律性的体育锻炼才能达到最佳的体适能。

提高心肺耐力素质

心肺耐力是指全身肌肉进行长时间运动的持久能力，是体内心肺系统对身体各细胞的供氧能力。人体的心脏、肺、血管、血液等组织的功能是心肺耐力的基础，它们与氧气和营养物质的输送以及代谢物的清除有关。健全的心肺功能是健康的基本保证。

系统的体育锻炼，可以使心肌增厚，收缩力加强，心室容积增大，从而使心脏的泵血功能增强，表现为心血输出量增加。

系统的体育锻炼，呼吸系统机能也将得到提高，表现为呼吸肌的力量增强，肺活量、肺通气量明显增加，保证对机体供氧的能力。

系统的体育锻炼，可以促进血管系统的形态、机能和调节能力产生良好的适应力，从而提高机体的工作能力。

系统的体育锻炼，可以使血液系统产生某些适应性变化，如血容量增加、血黏度下降、红细胞膜弹性增强和红细胞变形能力增强等。

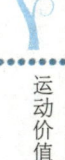

提高肌肉力量素质

肌肉力量是指肌肉最大收缩产生的对抗阻力或负荷的能力。肌肉力量只有达到一定的程度，才能克服外界阻力，而克服外界阻力是维持日常生活自理、从事各种劳动和运动的必要前提。

系统的体育锻炼，可以提高肌肉的生理横断面积，可以改善神经系统对肌肉收缩的支配功能，还可以提高肌肉内代谢物质的储备量，使肌肉力量得到提高。

提高柔韧性素质

柔韧性是指人体各关节的活动幅度，即关节的肌肉、肌腱和韧带等软组织的伸展能力。柔韧性对于保证正常生活质量、维持正常体态、预防损伤发生和减轻损伤程度等方面均起到至关重要的作用。

系统的体育锻炼，还可以延缓因年龄因素而导致的柔韧性下降，预防因缺乏运动而导致的关节结构、周围软组织和膝关节肌肉退化，从而使锻炼者的日常生活、劳动和运动等更加充满活力。

改善身体成分

身体成分是指人体体重中的脂肪组织和去脂组织的重量百分比。身体成分中的脂肪成分增加，肌肉成分必然下降。身体中不具备收缩功能的脂肪组织增加，必然导致身体进行各种活动的能力下降，基础代谢水平降低，肥胖症、冠心病、高血压、糖尿病、高血脂等慢性疾病发病率的提高。因此，身体成分是保证人体健康的重要内容之一。

通过系统的体育锻炼，随着锻炼者体质的增强，热量消耗便随之增加，进而燃烧掉体内多余的脂肪，使身体成分得到改善。而身体成分的改善，又可以减少体重对关节可能带来的不利影响，还可以使肥胖者的心理状况得到改善，增强其自信心，使其逐步建立起健康的生活方式。

心理价值

研究证明，有规律的体育锻炼不但可以使锻炼者增强体质、促进身体健康、预防一些慢性疾病，还可以提高锻炼者的生活满意度和生活质量，对其心理健康产生积极影响。

体育锻炼的心理健康效应主要表现在六个方面：

改善情绪状态

 短期效应

研究发现，体育锻炼对人的情绪状态具有显著的短期效应。运动后人们的焦虑、抑郁、紧张和心理紊乱等症状会明显减轻，而

运动保健

精力和愉快程度则明显增强。而且这种情绪的迅速变化，与锻炼者个体的健康状况、活动形式和活动强度等有着直接的联系。

 长期效应

体育锻炼对人情绪的长期效应有着直接的影响，与不锻炼者相比，有规律的锻炼者在较长时期内很少会产生焦虑、抑郁、紧张和心理紊乱等情绪。

▼ 完善个性行为特征　见表 2-2-1

人们的行为特征一般可以分为两种类型，用 A 型行为特征和 B 型行为特征来表示。A 型行为特征主要表现为性情急躁、争强好胜、容易激动、整天忙碌和做事效率高等。B 型行为特征主要表现为不好竞争、不易紧张、不赶时间、对人随和、喜欢自由自在等。具有 A 型行为特征的人由于过度紧张的情绪反应，会引起内分泌失调，增加心脏病发病的概率。目前的一些研究主要集中在体育锻炼对改变 A 型行为特征的作用方面。研究结果表明，有规律的体育锻炼能明显改变 A 型行为特征。

表 2-2-1　A、B 型个性行为特征常见表现

A 型行为特征者常见表现	B 型行为特征者常见表现
约会从来不迟到	对约会很随便
竞争意识很强	竞争意识不强
别人要讲话时总爱抢先或插话	是别人讲话时很好的听众
总是匆匆忙忙	即使有压力也从不匆忙
等待时缺乏耐心	能够耐心等待
干事时全力以赴	处事漫不经心
同时想干很多事	在一段时间里只干一件事情
讲话喜欢用加强语气，甚至敲桌子	讲话语速缓慢、不慌不忙
做了好事希望能得到别人的认可	只要自己满意即可，不管别人怎样想
吃饭、走路都很快	做事情很慢
不善与人相处	为人随和
容易暴露自己的感情	能控制自己的感情
具有广泛的兴趣	没什么业余爱好
雄心壮志	满足于目前的工作和学习状况

运动价值

确立良好自我概念

自我概念是指个体对自己身体、思想和情感的主观整体评价，它由许多自我认识组成，包括我是什么人、我主张什么和我喜欢什么等。

坚持体育锻炼，可以使锻炼者体格强健、精力充沛、提高驾驭身体的能力，从而改善对自身的满意程度，确立良好的自我概念。

改变睡眠模式

根据脑电图的显示，人的睡眠可以分为两种状态，即慢波睡眠状态和快波睡眠状态。前者为浅度睡眠状态，后者为深度睡眠状态。一夜之间两种睡眠状态会交替发生 4～5 次。

有规律的体育锻炼不仅对慢波睡眠有促进作用，而且能缩短入眠的潜伏期，并延长睡眠的时间。

改善认知能力

体育锻炼还能改善人的认知过程，避免反应时间过长、注意力不集中和思维混乱等症状的发生，尤其对老年人的认知能力改善效果更为明显。

增加心理治疗效应

体育锻炼被公认为是一种心理治疗的好方法。目前人群中常见的心理疾患是抑郁症和焦虑症。研究发现，体育锻炼是治疗抑郁症的有效手段之一，抑郁症患者经过有规律的体育锻炼，抑郁症状能明显减轻。

体育锻炼还具有治疗焦虑症的作用，通过有规律的体育锻炼，可以使锻炼者的焦虑症状明显改善。

第三节

运动保护

　　在运动过程中，人体机能会随时发生变化。因此，应针对这种机能变化的特点来进行体育锻炼，也就是我们所说的运动保护。运动保护一般包括运动前准备、运动后放松和自我养护三个方面。

 **运动前准备** ◆◆◆◆◆◆◆◆◆◆

　　准备活动是指在正式运动之前进行的有目的的身体练习。做好充分的准备活动，可以缩短机体进入最佳状态的时间，同时还可以预防运动损伤的发生，为机体发挥最大的工作效率做好功能上的准备。

 准备活动的作用

✿ **提高中枢神经系统兴奋状态**

　　(1)使大脑反应速度加快，参加活动的运动中枢神经相互协调。
　　(2)为正式运动时生理机能达到适宜程度提前做好准备。

✿ **提高机体代谢水平**

　　(1)准备活动可以使锻炼者体温升高，降低肌肉黏滞性，使肌肉的伸展性、柔韧性和弹性增强，从而有效预防运动损伤的发生。
　　(2)准备活动可以增强体内代谢酶的活性，使物质代谢水平提高，以保证运动时有较充分的能量供应。

✿ **克服内脏器官生理惰性**

　　(1)准备活动可以提高心血管系统和呼吸系统的机能水平，使肺通气量及心血输出量增加。
　　(2)可以使心肌和骨骼肌的毛细血管扩张，使其工作肌获得更多的氧，从而克服内脏器官的生理惰性，使之尽快达到最佳状态。

 增加皮肤毛细血管血流量

准备活动可以使皮肤毛细血管的血流量增加，运动后毛细血管扩张，有利于散热，降低体温，有效防止开始正式活动时由于体温过高而影响运动能力。

准备活动要求

 准备活动时间

（1）准备活动的时间可以根据运动项目的具体情况确定，一般以10～30分钟为宜。

（2）准备活动与正式运动的间隔时间，一般以不超过15分钟为宜，可以在做完准备活动后立刻进行正式运动。

准备活动强度

（1）准备活动的强度和量应较正式运动小，以免引起不必要的疲劳。

（2）准备活动的量可以由心率来决定，心率以100～120次／分为宜。

准备活动内容

一般性准备活动

一般性准备活动的内容多以伸展运动开始，然后进行一般性的跑步、徒手体操等活动。

下面介绍一套常用的一般性准备活动操，供锻炼者运动前使用。这套活动操主要包括头部运动、肩部运动、扩胸运动、体侧运动、体转运动、髋部运动和踢腿运动等。

图 2-3-1

头部运动

头部运动的动作方法（见图 2-3-1）：两手叉腰，两脚左右开立，做头部向前、向后、向左、向右，以及绕环运动。

肩部运动

肩部运动的动作方法（见图 2-3-2）：手扶肩部，屈臂向前、向后绕环，以及直臂绕环。

扩胸运动

扩胸运动的动作方法（见图 2-3-3）：屈臂向后振动及直臂向后振动。

体侧运动

体侧运动的动作方法（见图 2-3-4）：两脚左右开立，一手叉腰，另一臂上举，并随上体向对侧振动。

体转运动

体转运动的动作方法（见图 2-3-5）：两脚左右开立，两臂体前屈，身体向左、向右有节奏地扭转。

髋部运动

髋部运动的动作方法（见图 2-3-6）：两脚左右开立，两手叉腰，髋关节放松，向左、向右 360 度旋转。

图 2-3-2

图 2-3-3

踢腿运动

　　踢腿运动的动作方法（见图 2-3-7）：两臂上举后振，同时一腿向后半步，重心置于前腿，两臂下摆后振，同时向前上方踢腿。

图 2-3-4 　　　　　　图 2-3-5

图 2-3-6 　　　　　图 2-3-7

专门性准备活动

专门性准备活动的动作方法、节奏和强度等与正式锻炼相似，目的是使人体主要肌群在运动前得到动员，为正式锻炼做好准备。

运动后放松

运动后放松是指运动之后所进行的一些能够加速机体功能恢复的、较轻松的身体活动。与运动前准备活动相反，其目的是使锻炼者的生理机能水平逐步得到恢复。

放松方法

运动性手段

（1）运动结束后，锻炼者可采用变换运动部位的方法来消除疲劳，如上肢出现疲劳时可做一些慢跑运动，下肢出现疲劳时可做一些上肢运动。

（2）转换运动类型也是一种不错的放松方法，如打羽毛球出现疲劳时，可从事瑜伽运动来达到放松的目的。

（3）还可以用调整运动强度的方法来缓解疲劳，如可以在放松过程中，采用小强度的轻微运动方法等。

整理活动　见图2-3-8

（1）整理活动是指运动后所做的一些能够加速机体功能恢复的身体活动，如剧烈运动后进行 3～5 分钟慢跑或其他整理活动，使身体机能得以恢复。

（2）剧烈运动后如不做整理活动而骤然停止动作，会影响氧气的补充和静脉血的回流，使机体血压降低，引起不良反应。

图 2-3-8

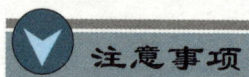

（1）在进行整理活动时动作应缓慢、放松，运动量不要过大，否则会引起新的疲劳。

（2）在进行整理活动时，应当保持心情舒畅、精神愉快。

锻炼后，锻炼者感觉身体疲劳是一种正常的生理现象，是体育锻炼过程中的正常反应，随着体育锻炼时间的延长，疲劳症状会自然消失。运动性疲劳出现后，锻炼者如果采用一些自我养护措施，可以加速身体机能的恢复，尽快消除疲劳，提高锻炼效果。常见的自我养护方法主要包括运动后休息、合理营养和物理手段等三种。

静止性休息　见图 2-3-9

（1）静止性休息是指锻炼者运动后保持机体相对的静止状态，以促进身体机能的恢复，尽快消除疲劳。

（2）静止性休息的最佳方式之一是睡眠，特别是刚开始从事锻炼者，身体不适应或疲劳症状明显时，更应该保证足够的睡眠，否则，锻炼者虽然积极参加了体育锻炼，但收效甚微，甚至会导致过度疲劳症状的发生。

（3）静止性休息更适合于消除全身运动导致的整体疲劳症状。

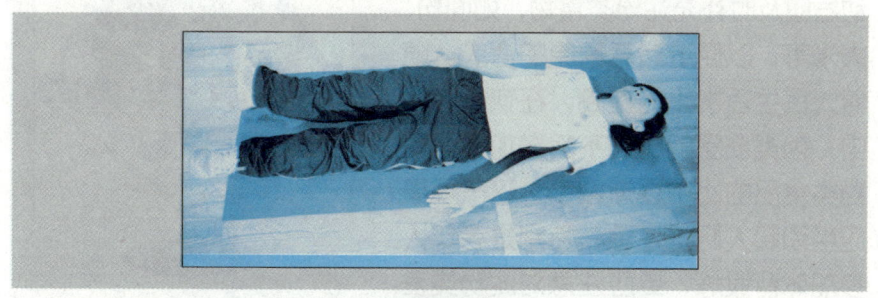

图 2-3-9

✿ 积极性休息　见图 2-3-10

（1）积极性休息更适合由于少量肌肉群参与工作而导致的局部疲劳，或运动强度较大而导致的快速疲劳。

（2）积极性休息可以加速血液循环，有利于代谢物排出体外，对促进身体机能的恢复具有明显的效果。

图 2-3-10

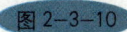

 见图2-3-11

图2-3-11

小强度、长时间的运动形式，主要是靠糖原的有氧代谢提供能量。运动后应及时补充淀粉类食物，如面粉、大米等，以促进消耗糖原的合成。随着人民生活水平的提高，在饮食结构中，肉类食品的比重不断增加，而淀粉类食品的比重逐渐减少，这一现象应当引起人们的注意，特别是老年人参加体育锻炼，更应注意对淀粉类食物的补充。

强度较大、时间又相对较长的运动形式，主要是靠糖原的无氧代谢提供能量。这样，糖原无氧代谢产物——乳酸便会在体内大量堆积。因此，运动后应多补充蔬菜、水果等碱性食品，以加速乳酸的清除，达到尽快消除疲劳的目的。

物理手段

 见图2-3-12

（1）通过刺激神经末梢、皮肤结缔组织和毛细血管的按摩方法，可以使紧张的肌肉得以放松，从而改善局部组织和全身的血液循环，达到促进身体机能恢复的目的，这种方法可以在锻炼后马上进行。

（2）此外，还可以采取缓慢牵拉肌肉的方法，使收缩的肌肉得到充分的伸展放松。

水疗及电疗

（1）水疗包括芬兰式蒸汽浴、热水浴和桑拿浴等多种形式，主要作用是通过提高体温，促进血液循环，清除代谢物，以达到尽快消除疲劳、恢复体力的目的。

（2）水疗的时间一般以不超过30分钟为宜，如果时间过长，会进一步消耗体力，严重时甚至会出现暂时性脑缺血现象。

（3）如果条件允许，还可对疲劳的肌肉进行低频治疗。低频治疗仪的原理是模拟针灸疗法，使用时将电极用不干胶对称地粘贴在运动部位表皮上。这种疗法可以促进局部血液循环，改善组织代谢，缓解肌肉酸痛，消除疲劳。

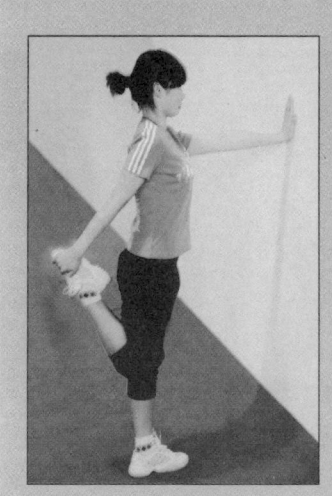

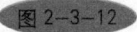
图 2-3-12

第三章 基本技术

基本技术动作是练习啦啦操的基础,是其最小的动作元素单位。成套动作就是在此基础上变化和发展起来的。只要掌握啦啦操的元素动作及其变化规律,练习过程就会变得简单。基本技术包括基本术语和基本动作等。

第一节
基本术语

基本术语是描述啦啦操动作技术过程的专门用语和专有词汇。由于啦啦操是一项新兴的体育运动项目，其基本术语一直未经严格规范，虽然在一定程度上给啦啦操运动的练习造成了困难。因此，我们应先从了解啦啦操的基本术语开始。基本术语包括移动术语、概念术语和方位术语等。

移动术语指身体根据参考点所产生的移位。

身体向着相应的方向参考点运动。

向着前方参考点的方向运动。注意"前"和"向前"的区别，可以面向前方向前移动，也可以面向后方向前移动。

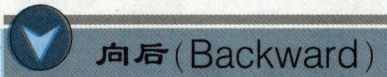

向着后方参考点的方向移动。

向着身体侧面的方向移动。

无移动，或在 4 拍内回到原来的地方。

转体（Rotation，Turn）

身体绕垂直轴运动。转体经常是向前、向后或向侧移动的结合，可以原地做，也可以绕着一个参考点做。转体 360 度可以是 4×90 度或 2×180 度的转体。

 **概念术语**

概念术语是啦啦操专用的术语，指用简练或者精准的语言，直接对动作加以概括或描述。

 冲击力（Impact）

人体运动时对地面产生一定的作用力，而地面也同时给予人体相同的反作用力，既"冲击力"。这种冲击力随着动作，自下而上通过人体向上传递，并逐渐消失。

 无冲击力动作（Non-Impact Moves）

两只脚都接触地面的动作，或不支撑体重的动作，如双腿半蹲、弹动、弓步以及垫上动作和自行车练习等。

 低冲击力动作（Low-Impact Moves）

总有一只脚接触地面的动作，如踏步、侧交叉步等。

 高冲击力动作（High-Impact Moves）

两只脚都离开地面，即有腾空的动作，如开合跳、吸腿跳等。

 **方位术语**

啦啦操练习以身体的正前方为 1 点方位，按顺时针方向，每 45 度

为一个基本方位,可以将场地划分为 8 个方位, 即 1 点、2 点、3 点、4 点、5 点、6 点、7 点、8 点方位(见图 3-1-1)。

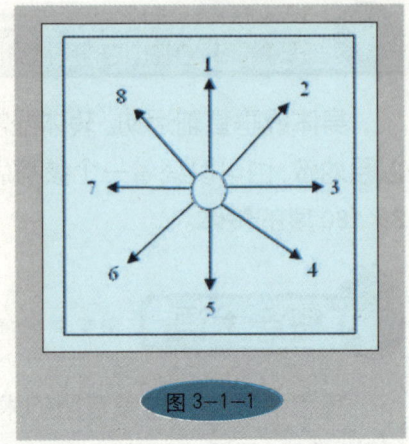

图 3-1-1

第二节

基本动作

　　基本动作是啦啦操练习中最稳定的部分,是学习啦啦操的基础,所有动作均以此为核心加以变化和发展。只要掌握了基本动作及其变化规律,学习啦啦操的整个过程就会变得轻松、容易。啦啦操的基本动作包括口号、基本手形、头部动作、胸部动作、腰部动作、手臂动作、髋部动作、基本步法和组合动作等。

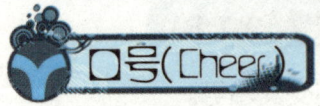

口号(Cheer)

　　啦啦操原名 cheer leading。其中 cheer 的部分,有振奋精神、提振士气的意思。啦啦操口号可分为规定型口号和自编型口号等。

规定型口号

　　规定型口号是指,根据大会内容和主办单位规定,将主办单位制定的口号编排到动作中。例如:奥运口号(加油! 加油! 中国奥运! 奥运中国!)。

自编型口号

自编型口号是指,参赛单位或演出单位根据大会内容,制定自己的口号编排到动作中。例如:大学生运动会(加油!加油!友谊第一!加油!加油!勇创辉煌!)。

基本手形

手形是手臂动作的延伸和表现,运用得好,会使啦啦操动作丰富多彩,生动活泼,更具有感染力。啦啦操中的手形有多种,包括并拢式、分开式、芭蕾手式、拳式立掌式和西班牙舞手式等。

并拢式

动作方法 见图 3-2-1

五指伸直,相互并拢,拇指略屈,贴于食指旁。

技术要点

拇指压向掌骨处,其他四指用力并拢在一起。

错误纠正

练习时易出现并拢的四指指尖上翘,翻手腕等问题。因此,应五指用力并拢,指尖不要发力。

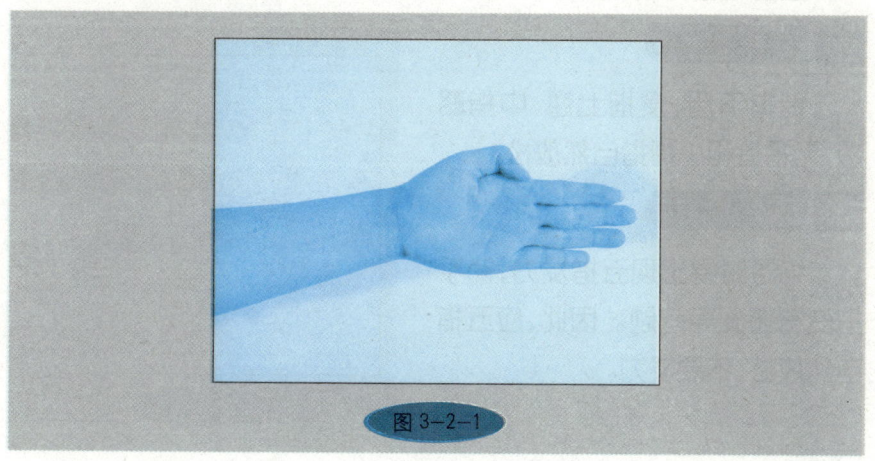

图 3-2-1

✿ 伤害预防

为减少对腕部关节的伤害，练习前应注意活动腕部关节。

✿ 动作方法　　见图 3-2-2

五指用力伸直，充分张开。

✿ 技术要点

五指用力展开，手指伸直，指尖向外侧延伸。

✿ 错误纠正

练习时易出现翻手腕等问题。因此，应手腕向内压。

✿ 伤害预防

为减少对腕部关节的伤害，练习前应揉搓两手，灵活筋骨和腕部关节。

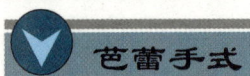

✿ 动作方法　　见图 3-2-3

五指略屈，后三指并拢、略内收，拇指内扣。

✿ 技术要点

拇指下压，食指上翘，中指略翘，无名指和小拇指自然放松。

✿ 错误纠正

练习时易出现五指发力，使手指变得僵硬等问题。因此，应五指自然放松，不要发力。

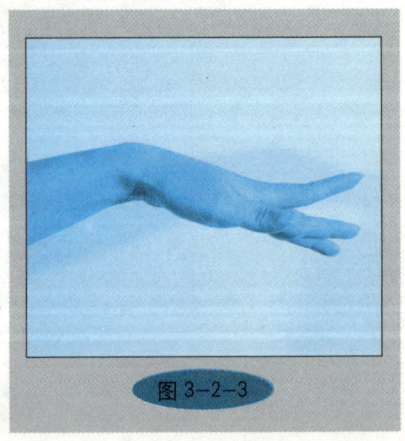

图 3-2-3

伤害预防

为减少对腕部关节的伤害,练习前应揉搓两手,灵活筋骨和腕部关节。

拳式

动作方法　见图 3-2-4

握拳,拇指在外,指关节弯曲,紧贴于食指和中指。

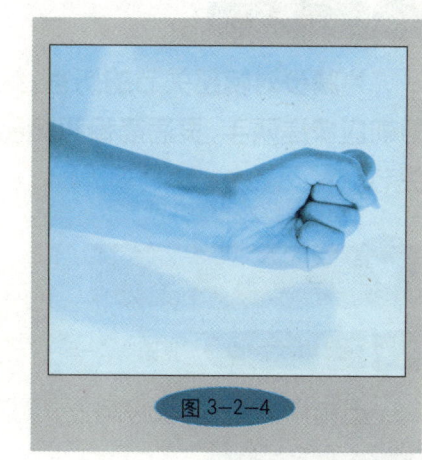

图 3-2-4

基本动作

技术要点

五指用力并拢后,食指、中指、无名指、小指指尖扣向掌心,拇指压向食指和中指第二指关节处。

错误纠正

练习时易出现拇指没有压到第二指关节处,或者不发力出现空拳等问题。因此,应将拇指压到食指和中指第二指关节处,用力将拳握紧。

伤害预防

为减少对腕部关节的伤害,练习前应揉搓两手,灵活筋骨和腕部关节。

立掌式

动作方法　见图 3-2-5

五指伸直,手掌用力上翘,拇指内扣。

技术要点

五指并拢,手腕上翻。

❄ 错误纠正

练习时易出现拇指不内扣，外翘等问题。因此，应将拇指第一指关节弯曲，靠向掌骨处，手指用力。

❄ 伤害预防

为减少对腕部关节的伤害，练习前应揉搓两手，灵活筋骨和腕部关节。

图 3-2-5

西班牙舞手式

❄ 动作方法　见图 3-2-6

五指用力张开，掌心向上，小指、无名指、中指向手掌心依次内转。

❄ 技术要点

拇指、食指不要动，尽量伸直。

❄ 错误纠正

练习时易出现手指因发力变得僵硬，使拇指向手掌心内收等问题。因此，应用指尖发力带动手指内转，腕关节伸直。

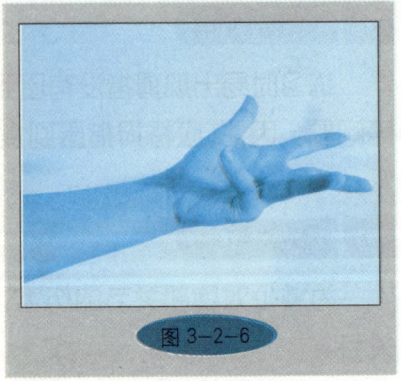

图 3-2-6

❄ 伤害预防

为减少对腕部关节的伤害，练习前应揉搓两手，灵活筋骨和腕部关节。

 头部动作

头部动作是啦啦操基本动作的重要组成部分，在音乐的伴奏下，可以做出不同的动作，使套路组合更加完美，富有新鲜感。头部动作包括点头、甩头、侧屈、绕环和转头等。

 **点头**

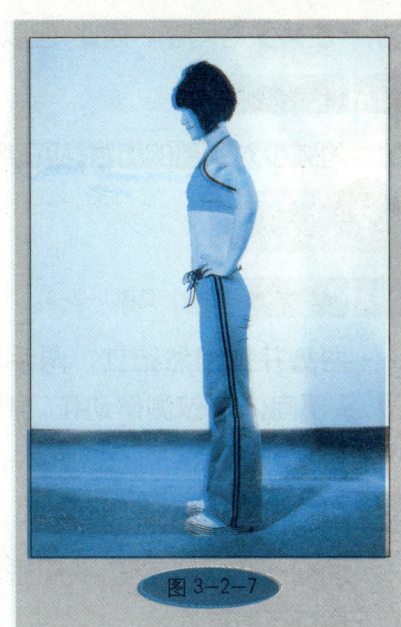

见图 3-2-7

动作方法

两脚开立约与肩同宽，两手叉腰，头颈前屈、还原，身体保持正直。

技术要点

头部向下屈，以下颌为着力点下拉，额头随下颌下屈45度。

错误纠正

练习时易出现额头下抵，颈部前倾等问题。因此，应保持颈部不动，以下颌为着力点下拉。

伤害预防

为减少对颈部的伤害，应在练习前充分活动颈部关节。

图 3-2-7

 **甩头**

见图 3-2-8

动作方法

两脚并拢自然站立，两手叉腰，低头，以额头带动下颌向斜上方45度抬起。

技术要点

头部先向下屈，再以额头带动下颌快速抬起。

错误纠正

练习时易出现以颈部关节为

图 3-2-8

基本动作

轴,产生转头等问题。因此,应以额头为着力点,向斜上方45度转出。

 **伤害预防**

为减少对颈部的伤害,应在练习前充分活动颈部关节。

侧屈

动作方法 见图3-2-9

两脚并拢自然站立,两手叉腰,头部向体侧做侧倒动作,身体保持直立。

技术要点

面向前方保持不变,头部垂直向左肩或右肩靠近。

错误纠正

练习时易出现下颌略转等问题。因此,应保持面部是始终向前方,额头、下颌保持一条直线。

伤害预防

为减少对颈部的伤害,应在练习前充分活动颈部关节。

绕环

 **动作方法** 见图3-2-10

两脚并拢自然站立,两手叉腰,向下低头,由额头带动头部由右向左或由左向右绕转360度。

图3-2-9

技术要点

动作要匀速、缓慢，均匀拉伸颈部肌肉。

错误纠正

练习时易出现以下颌为主，使绕环面积减小等问题。因此，应以额头为主，带动下颌绕动。

伤害预防

为减少对颈部的伤害，应在练习前充分活动颈部关节。

 转头

动作方法　见图 3-2-11

两脚并拢自然站立，两手叉腰，额头、下颌呈一垂线，将整个头部左、右方向垂直转动 90 度。

技术要点

只是头部转动，身体保持不动。

错误纠正

练习时易出现身体随头部转动，或将下颌抬起等问题。因此，应保持身体不动，下颌略收。

伤害预防

为减少对颈部关节的伤害，应在练习前做好颈部关节的练习。

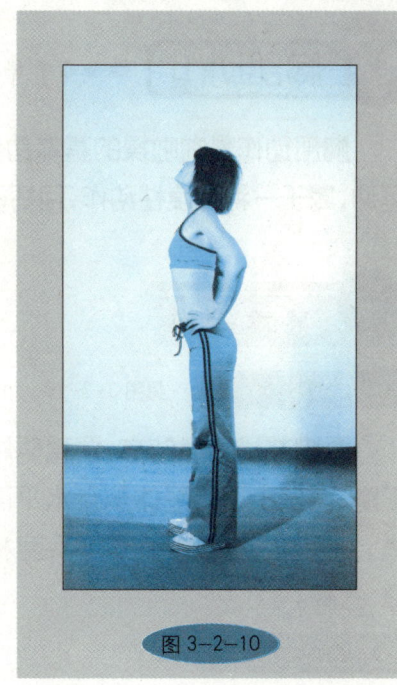

图 3-2-10

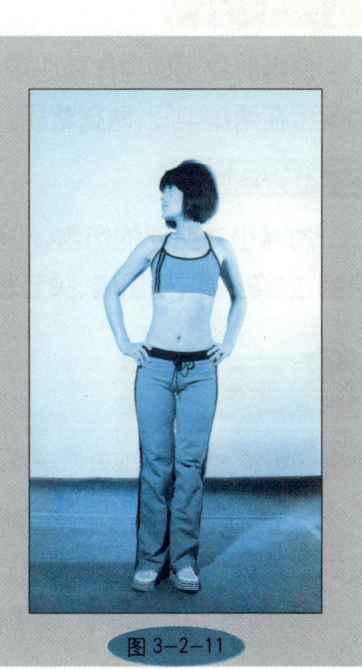

图 3-2-11

胸部动作

胸部动作是啦啦操的基本动作之一，是以胸部为主要活动部位的运动，属于一种过渡性动作，包括举臂合胸、开臂展胸和侧移胸部等。

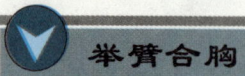
举臂合胸

❀ **动作方法**　见图3-2-12

两脚并拢自然站立，两腿略屈下蹲，两臂由下方经体侧至水平前举，两手呈掌，掌心向下，手腕相靠，合胸。

图3-2-12

❀ **技术要点**

身体重心保持在两腿中间，合胸时两腿弯曲。

❀ **错误纠正**

合胸时易出现身体重心前倾或前后移动等问题。因此，应身体重心保持在两腿中间，两腿略屈。

❀ **伤害预防**

为减少对胸部的伤害，应在练习前做充分的准备活动，反复进行含胸、展胸练习，使肌肉、关节和连接部位能够活动自如。

开臂展胸

❀ **动作方法**　见图3-2-13

（1）两脚并拢自然站立，两手手心向下，两臂向体侧水平打开，尽量向后方运动，胸部向前挺出。

（2）两臂向体前运动，尽量含胸。

 技术要点

手臂向后挺胸,手臂向前含胸。

 错误纠正

练习时易出现挺腹、弯腰或身体重心前后移动等问题。因此,应保持腹部收紧,腰部顶直,控制身体重心稳定。

 伤害预防

为减少对胸部的伤害,应在练习前做好充分的准备活动,反复进行含胸、展胸练习,使胸椎部位能够得到锻炼。

▼ **侧移胸部**

 动作方法　见图3-2-14

(1)两脚开立,两臂侧平举,掌心向下,胸部尽量向体侧移动,同侧腿屈膝缓冲,还原。

(2)动作相同,方向相反,重复进行。

图3-2-13

 技术要点

注意保持身体姿势的优美和重心的稳定。

 错误纠正

练习时易出现身体或髋关节左右移动等问题。因此,应使胸部以下部位和髋关节保持不动。

图3-2-14

为减少对胸部的伤害,应在练习前做充分的准备活动,反复进行含胸、展胸练习,使肌肉、关节和连接部位能够活动自如。

手臂动作

手臂动作是指是以手臂为主要活动部位的运动。练习时需重点体会手臂肌肉的发力与控制。手臂动作按种类可分为 18 种。

拍手

动作方法 见图 3-2-15

两脚并拢自然站立,两手胸前拍手,位置略低于面部。

技术要点

(1)两臂肘关节与肩同高。

(2)拍手时,动作应稳、准。

(3)集体练习时,节奏应高度一致。

图 3-2-15

错误纠正

练习时易出现两臂肘关节下沉或两手高于面部等问题。因此,应对照镜子慢速练习,体会动作要领。

伤害预防

为减少对肩部和腕部关节的伤害,应在练习前做充分的准备活动。

高举"V"字

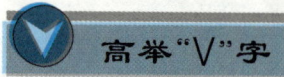

动作方法 见图 3-2-16

两臂侧上举,呈"V"字形,手臂用力伸直,拳心向下,两腿并拢呈直立。

技术要点

两臂斜上举呈 45 度角，注意手腕平直，在手臂的延长线上。

错误纠正

练习时易出现两臂斜上举开度不够，肘关节弯曲等问题。因此，应注意上举角度，将肘关节伸直，挺胸、抬头。

伤害预防

为减少对肱三头肌的伤害，应在练习前做充分的准备活动，练习中肌肉发力要准确，有控制。

图 3—2—16

下举"V"字(倒"V"字)

动作方法 见图 3—2—17

两臂侧下举，呈倒"V"字形，手臂用力伸直，拳心向下，两腿并拢呈直立。

技术要点

两臂斜下举呈 45 度角，注意手腕平直，在手臂的延长线上。

错误纠正

练习时易出现两臂斜下举开度不够，肘关节弯曲等问题。因此，应注意下举角度，将肘关节伸直，挺胸、抬头。

图 3—2—17

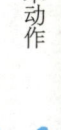

伤害预防

为减少对肱三头肌的伤害,应在练习前做充分的准备活动,练习中肌肉发力要准确,有控制。

"T"形

动作方法　见图 3—2—18

两臂侧平举,与身体呈 90 度角,与地面平行,两腿并拢呈直立。

图 3—2—18

技术要点

手臂伸直,拳心向下,与地面平行。

错误纠正

练习时易出现两臂伸不直,肘关节弯曲等问题。因此,应将肘关节伸直,挺胸,抬头。

伤害预防

为减少对肱三头肌的伤害,应在练习前做充分的准备活动,练习中肌肉发力要准确,有控制。

断"T"字

动作方法　见图 3—2—19

由"T"字动作开始,屈肘,两前臂与地面平行,两腿并拢呈直立。

图 3—2—19

技术要点

上臂夹紧上体,屈肘,上臂与前臂呈 90 度角。

 **错误纠正**

练习时易出现上臂不能夹紧上体,前臂不与地面平行等问题。因此,应肘关节用力夹紧身体,前臂保持与地面平行。

图3-2-20

※ **伤害预防**

为减少对肘关节的伤害,应在练习前充分活动肘关节,加强手臂的灵活性。

胸前平举

 **动作方法** 见图3-2-20

两臂胸前弯曲,拳心向下,使上臂与前臂平行于肩部,与地面平行,两腿并拢呈直立。

※ **技术要点**

手臂不要前伸,两拳相对。

※ **错误纠正**

练习时易出现肘关节下抵,上臂与前臂不与地面平行等问题。因此,应使上臂与前臂呈锐角,保持与地面平行。

※ **伤害预防**

为减少对肱三头肌的伤害,应在练习前做充分的准备活动,练习中肌肉发力要准确,有控制。

双臂上举

※ **动作方法** 见图3-2-21

两臂伸直上举,与身体呈一直线,夹紧两耳,拳心相对,两腿并拢呈直立。

技术要点

整个身体重心上提,肘关节用力伸直。

错误纠正

练习时易出现肘关节弯曲,两臂不能夹紧两耳等问题。因此,应将肘关节伸直,抬头,挺胸。

伤害预防

为减少对肩关节的伤害,应在练习前充分活动肩关节,可做压肩练习。

图 3-2-21

双臂下举

动作方法 见图3-2-22

两臂伸直下举,与身体呈锐角,手臂紧绷,拳心相对,两腿并拢呈直立。

技术要点

上臂夹紧上体,两前臂伸向斜下方45度。

错误纠正

练习时易出现肘关节弯曲,两臂不与身体呈锐角等问题。因此,应将肘关节伸直,抬头,挺胸,上臂尽量夹紧身体。

伤害预防

为减少对前臂肌肉的伤害,应在练习前做充分的准备活动,练习中肌肉发力要准确,有控制。

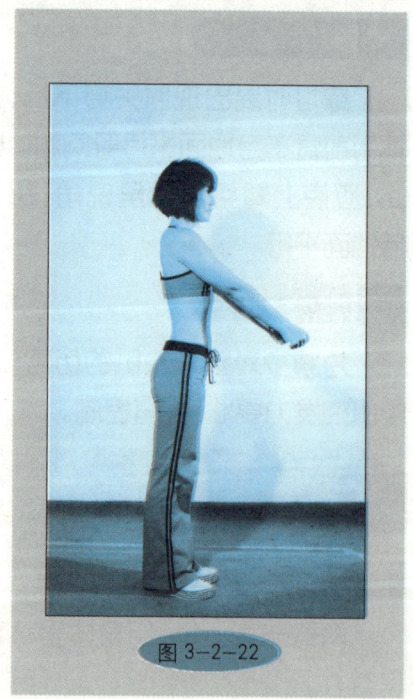

图 3-2-22

烛台动作

动作方法 见图 3–2–23

两臂伸直前平举，手腕内扣，两手呈掌，掌指尖向内相对。

技术要点

两臂前平举应朝正前方，不能有夹角。

错误纠正

练习时易出现肘关节弯曲，两臂不与地面平行等问题。因此，应将肘关节伸直，两臂平行于地面，指尖相对。

伤害预防

为减少对腕部关节韧带的伤害，应在练习前充分活动腕部关节，反复进行手腕的屈、伸练习。

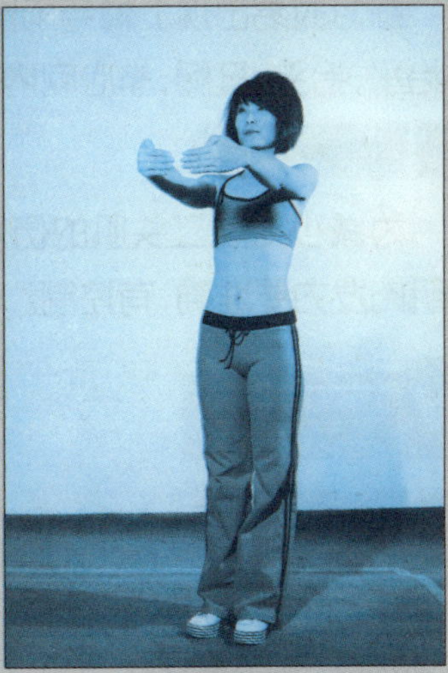

图 3–2–23

胸前弯举

动作方法 见图 3–2–24

两臂弯曲，使上臂与前臂呈直角，两手呈拳，拳心向内，两拳与下颌平行，两腿并拢呈直立。

技术要点

两上臂夹紧身体，前臂与地面垂直。

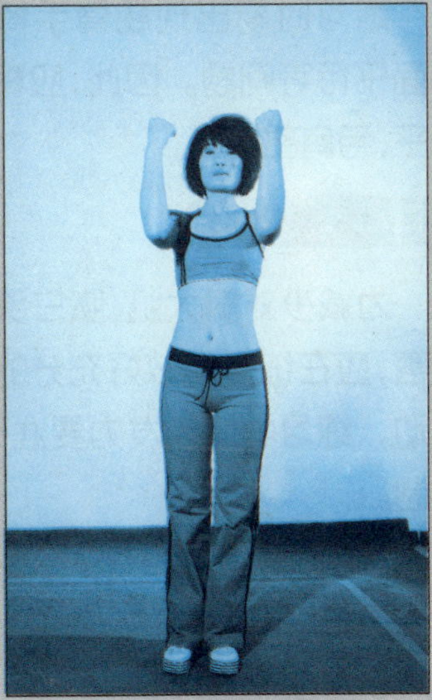

图 3–2–24

基本技术

错误纠正

练习时易出现上臂与前臂呈锐角，拳心相对等问题。因此，应将两肘抬平，抬头，挺胸，拳心向内。

伤害预防

为减少对肱二头肌的伤害，应在练习前做充分的准备活动，练习中肌肉发力要准确，有控制。

弓箭手

动作方法　见图3-2-25

（1）一只手臂呈"T"字形，另一只手臂屈臂，拳头靠向肩部，拳心向内，两腿并拢呈直立。

（2）可左右交替进行，动作相同，方向相反。

技术要点

两臂保持在一同水平面，肩部向后扩展。

错误纠正

练习时易出现屈臂手臂不与地面平行等问题。因此，应将手臂抬平，与肩部同高。

伤害预防

为减少对胸大肌、肱三头肌的伤害，应在练习前做好充分的准备活动，练习中肌肉发力要准确，有控制。

图3-2-25

双拳撑腰

动作方法 见图 3—2—26

两手虎口位于腰部两侧,掌心向内,肘关节略向前倾,两腿并拢呈直立。

技术要点

两肘关节不要向后展开,两肩放松。

错误纠正

练习时易出现肘关节后展等问题。因此,应抬头,挺胸,肘关节略向前倾。

伤害预防

为减少对肩关节的伤害,应在练习前充分活动肩关节。

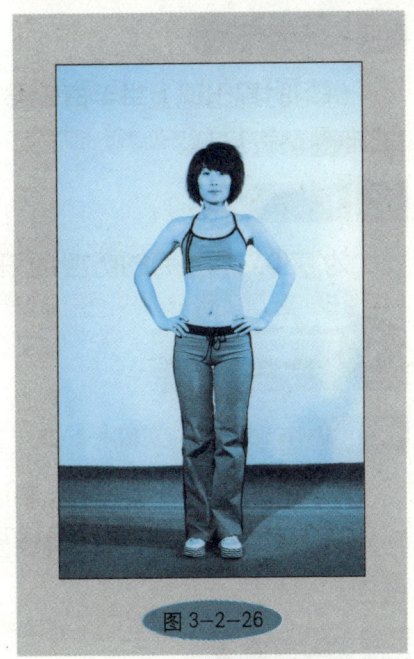

图 3—2—26

"L"动作

动作方法 见图 3—2—27

一只手臂呈"T"字形,拳心向下,与身体呈 90 度角,另一只手臂上举,拳心向内,手臂贴紧耳朵,两腿并拢呈直立。

技术要点

抬头,挺胸,两臂肘关节伸直。

图 3—2—27

✿ **错误纠正**

练习时易出现上举手臂外展、屈肘等问题。因此，应使上举手臂伸直，尽量贴近耳朵。

✿ **伤害预防**

为减少对肩关节的伤害，应在练习前充分活动肩关节。

▼ **勇往直前**

✿ **动作方法** 见图3-2-28

两臂前平举，两手呈拳，拳心向内，竖起拇指，两腿并拢紧绷呈直立。

✿ **技术要点**

抬头，挺胸，两臂肘关节伸直。

✿ **错误纠正**

练习时易出现肘关节弯曲等问题。因此，应将肘关节伸直，两臂平行于地面。

✿ **伤害预防**

为减少对肱三头肌的伤害，应在练习前做好充分的准备活动，练习中肌肉发力要准确，有控制。

图3-2-28

▼ **斜线动作**

✿ **动作方法** 见图3-2-29

一只手臂呈上举"V"字，另一只手臂呈下举"V"字，举起右臂，放下左臂为右斜线动作，反之则为左斜线动作。

两臂呈一条斜线，拳心向下。

练习时易出现两臂不呈一条斜线，手臂后展等问题。因此，应使两臂与身体保持在一个水平面内。

为减少对肱三头肌的伤害，应在练习前做好充分的准备活动，练习中肌肉发力要准确，有控制。

图 3-2-29

"K"形

见图 3-2-30

一侧手臂做斜上举冲拳，另一侧手臂做斜下冲拳，两拳心相对，与身体组成"K"字形。

两臂肘关节伸直，抬头，挺胸。

练习时易出现两臂动作不正确，不能呈"K"字形等问题。因此，应保持一只手臂斜上举，另一只手臂斜下举。

为减少对上臂与前臂肌肉群

图 3-2-30

的伤害,应在练习前做充分的准备活动,练习中肌肉发力要准确,有控制。

短剑动作

🎴 动作方法 见图3-2-31

两上臂贴紧身体,前臂竖直屈肘,拳心向内,两腿并拢呈直立。

🎴 技术要点

上臂夹紧身体,与前臂呈锐角。

🎴 错误纠正

练习时易出现上臂不能夹紧身体,肘关节外展等问题。因此,应将上臂贴紧身体,拳心向内。

🎴 伤害预防

为减少对肱二头肌的伤害,应在练习前做好充分的准备活动,练习中肌肉发力要准确,有控制。

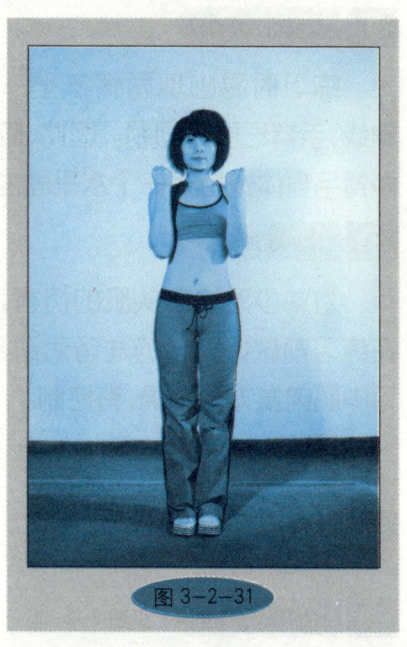

图3-2-31

底线得分动作

🎴 动作方法 见图3-2-32

两臂上举,伸直并靠向头部,手腕平直,小指上伸。

🎴 技术要点

两臂夹紧耳朵。

🎴 错误纠正

练习时易出现两臂不能夹紧耳朵,肘关节弯曲等问题。因此,应将肘关节伸直、抬头、挺胸。

图3-2-32

基本技术

伤害预防

为减少对肩关节的伤害,应在练习前充分活动肩关节。

髋部动作

髋部动作是啦啦操基本动作的重要组成部分,属于一种关节性运动,包括摆髋、提髋和绕髋等。

摆髋

动作方法 见图3-2-33

图3-2-33

（1）两脚开立,向右侧顶髋,右腿直立,左膝弯曲内扣,两臂自然摆动。

（2）向左摆髋动作相同,方向相反。

技术要点

身体重心保持在两腿中间。

错误纠正

练习时易出现两腿保持直立,上体左右移动等问题。因此,应尽量将两腿分开,控制好身体重心。

伤害预防

为减少对髋关节与腰部肌肉的伤害,应在练习前充分活动髋部和腰部关节与肌肉。

提髋

动作方法 见图3-2-34

（1）两脚并立,右脚向右前方伸出,脚尖点地,同时向前上方提髋。

（2）反方向动作相同,方向相反。

❀ 技术要点

身体其他部位保持不动。

❀ 错误纠正

练习时易出现上体左右移动等问题。因此,应挺胸,收腹,上体保持不动。

❀ 伤害预防

为减少对髋关节的伤害,应在练习前充分活动髋关节。

图 3—2—34

▼ 绕髋

❀ 动作方法　见图 3—2—35

两脚并立,两手叉腰,左脚向左侧迈出,两腿伸直或屈膝,髋关节向左或向右绕转 360 度。

❀ 技术要点

上体保持不动。

❀ 错误纠正

练习时易出现上体左右移动等问题。因此,应保持上体不动,髋关节绕环。

❀ 伤害预防

为减少对髋关节的伤害,应在练习前充分活动髋关节。

图 3—2—35

基本步法

基本步法是啦啦操动作的基础,在编排动作时,可以在基本步法的基础上进行变化,从而形成相对复杂的动作组合。啦啦操的基本步法种类繁多,下面介绍一些常见的 20 种步法。

弹动

图 3—2—36

动作方法 见图 3—2—36

两腿并拢,自然向下屈膝缓冲。

技术要点

两膝与踝关节自然屈伸,收腹。

错误纠正

练习时易出现身体前倾或后仰,两腿分开等问题。因此,应两膝并紧,上体保持直立。

伤害预防

为减少对髋关节与踝关节的伤害,应在练习前充分活动髋关节与踝关节,反复进行屈伸练习。

 踏步

图 3-2-37

✿ 动作方法　见图 3-2-37

两腿依次抬起,落地,两臂前后自然摆动。

✿ 技术要点

落地时屈膝缓冲,由脚尖过渡到脚跟着地;屈膝时胯略收。

✿ 错误纠正

练习时易出现直腿落地,勾脚尖等问题。因此,应注意体会动作要领,落地时要屈膝缓冲,上体保持不动。

✿ 伤害预防

为减少对髋关节与踝关节的伤害,应在练习前充分活动髋关节与踝关节,反复进行屈伸练习。

 走步

图 3-2-38

✿ 动作方法　见图 3-2-38

迈步移动,两臂前后自然摆动。

✿ 技术要点

身体重心在前方,两脚依次迈出。

✿ 错误纠正

练习时易出现身体重心后倾等问题。因此,应注意体会动作要领,上体保持直立,抬头,挺胸。

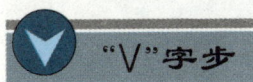

伤害预防

为减少对髋关节与踝关节的伤害,应在练习前充分活动髋关节与踝关节,练习过程中注意屈膝缓冲。

"V"字步

动作方法　见图3-2-39

(1)右脚为例,右脚向右前方迈一步,屈膝缓冲,左脚向左前方迈一步,两腿呈屈膝半蹲,距离略比肩宽,两脚运动轨迹呈"V"字形。

(2)从右脚开始依次退回原位。

技术要点

迈步脚脚跟先落地,再过渡到全脚掌着地。

错误纠正

练习时易出现身体后倾,屈膝时两腿不在一条直线等问题。因此,应注意体会动作要领,身体重心保持在两腿中间。

伤害预防

为减少对膝关节与踝关节的伤害,准备活动应充分,练习过程中注意屈膝缓冲。

图 3-2-39

恰恰步（水兵步）

 动作方法　见图 3-2-40

在 2 拍节奏中，快速迈步、踏步 3 次。

技术要点

身体重心随步法移动。

错误纠正

练习时易出现身体重心后倾等问题。因此，应注意体会动作要领，身体重心保持在两腿中间。

伤害预防

为减少对髋关节与踝关节的伤害，应在练习前充分活动髋关节与踝关节，练习过程中注意屈膝缓冲。

图 3-2-40

一字步

动作方法　见图 3-2-41

一只脚向体前迈一步，后脚并于前脚，略屈膝，然后两脚依次退回原位。

技术要点

上步、退步均要有并腿过程，两膝始终有弹性地缓冲。

错误纠正

练习时易出现直腿完成动作，身体后倾等问题。因此，应注意体会动作要领，使身体重心随步法前后移动。

伤害预防

为减少对髋关节与踝关节的伤害，应在练习前充分活动髋关节与踝关节，练习过程中注意屈膝缓冲。

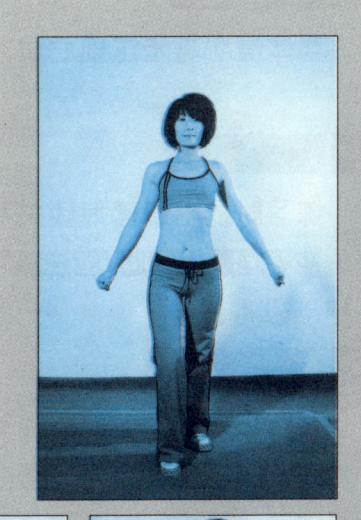

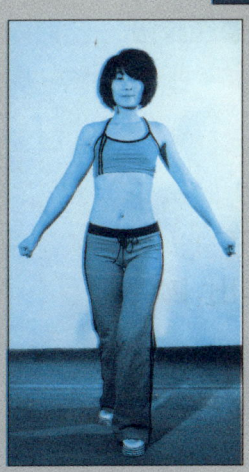
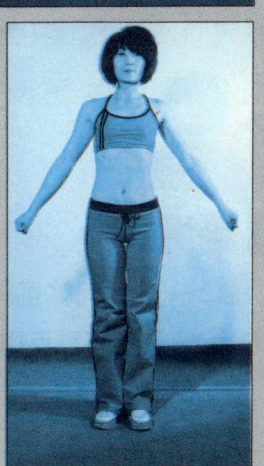

图 3-2-41

曼步

动作方法 见图3-2-42

一只脚向体前迈出，重心随之前移，另一只脚略抬起，然后落下，重心后移，前脚随之后撤落地，重心移至后脚。

技术要点

身体重心随步法前后灵活移动。

错误纠正

练习时易出现落地膝关节没有缓冲等问题。因此，应注意屈膝缓冲，减少摩擦。

伤害预防

为减少对髋关节与踝关节的伤害，应在练习前充分活动髋关节与踝关节，练习过程中注意屈膝缓冲。

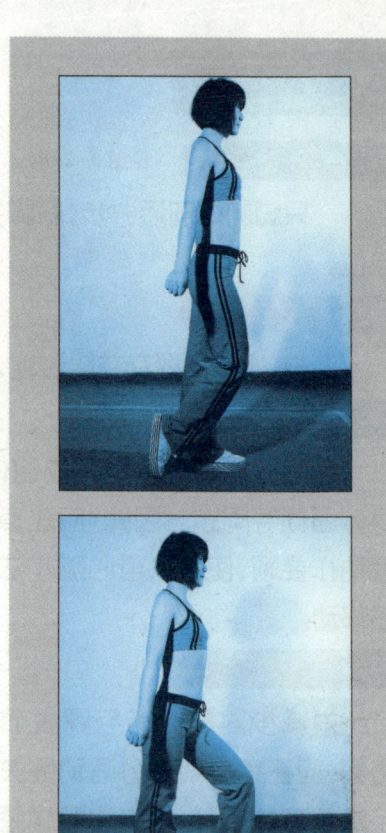

图3-2-42

点地

动作方法 见图3-2-43

（1）一只脚向体前伸出，脚尖点地，另一条腿伸直支撑。

（2）或者脚跟点地，另一条腿略屈膝支撑。

技术要点

身体重心在两腿中间。

❋ **错误纠正**

练习时易出现身体重心后倾等问题。因此,应注意体会动作要领,身体重心保持在两腿中间。

❋ **伤害预防**

为减少对膝关节的伤害,练习过程中应注意屈膝缓冲,减少摩擦。

图 3-2-43

 移重心

❋ **动作方法**　见图 3-2-44

身体重心从一端移向另一端。

❋ **技术要点**

身体左右移动重心时,必须经过两腿之间,移动重心后拇趾内侧端点地。

❋ **错误纠正**

练习时易出现身体重心保持不动等问题。因此,应注意体会动作要领,使身体重心随步伐左右移动。

❋ **伤害预防**

为减少对膝关节的伤害,练习过程中应注意屈膝缓冲,减少摩擦。

图 3-2-44

 并步

❀ 动作方法　见图 3-2-45

一只脚向体侧迈出,另一只脚随在其内侧并腿点地,同时屈膝。

❀ 技术要点

重心要随步法移动,两膝自然屈伸,并有一定的弹性。

❀ 错误纠正

练习时易出现身体重心保持不动,并步时不屈膝缓冲等问题。因此,应注意体会动作要领,使身体重心随步法左右移动。

❀ 伤害预防

为减少对膝关节的伤害,练习过程中应注意屈膝缓冲,减少摩擦。

图 3-2-45

 交叉步

❀ 动作方法　见图 3-2-46

一只脚向体前迈出,另一只脚在其前方或后方交叉,随之再向体

侧迈出一步，另一只脚跟进并拢。

❀ 技术要点

脚落地同时屈膝缓冲，身体重心随步法移动。

❀ 错误纠正

练习时易出现迈步时转体，落地膝关节没有缓冲等问题。因此，应注意体会动作要领，身体始终保持面向前方。

❀ 伤害预防

为减少对膝关节与踝关节的伤害，练习过程中应注意屈膝缓冲，减少摩擦和对踝关节的压力。

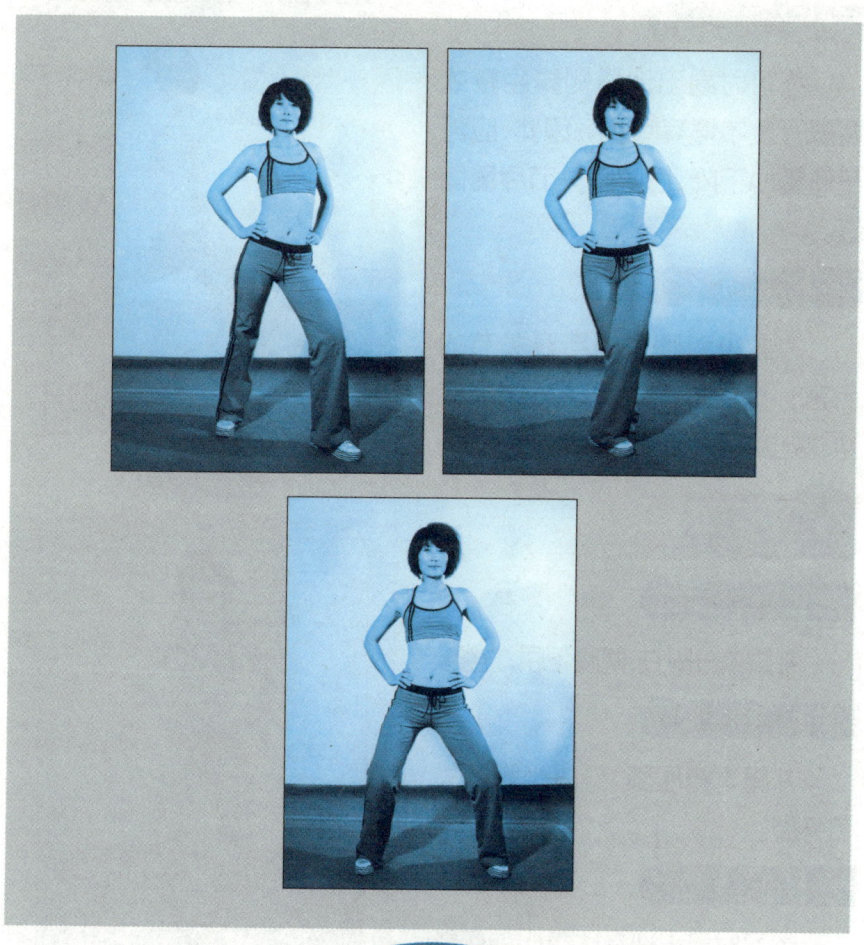

图 3—2—46

▼ 弓步

❋ 动作方法　见图3-2-47

一条腿向体前迈出，屈膝，脚尖与膝部垂直，另一条腿在体后伸直，重心落于两腿之间。

❋ 技术要点

后腿伸直，全脚掌着地，膝关节尽量伸直。

❋ 错误纠正

练习时易出现后侧腿屈膝或两腿开度不够等问题。因此，应将身体重心下降，后腿膝关节尽量伸直。

❋ 伤害预防

为减少对膝关节与踝关节的伤害，练习过程中应注意屈膝缓冲，减少摩擦和对踝关节的压力。

▼ 半蹲

❋ 动作方法　见图3-2-48

并腿或分腿立，两膝下屈，立腰。

❋ 技术要点

并腿半蹲屈膝，分腿半蹲膝关节外展。

❋ 错误纠正

练习时易出现身体重心前倾或

图3-2-47

后倾等问题。因此，应注意体会动作
要领，身体重心保持在两腿中间。

 伤害预防

为减少对膝关节与踝关节的
伤害，练习过程中应注意屈膝缓
冲，减少摩擦和对踝关节的压力。

▼ 吸腿

✿ 动作方法　见图3—2—49

一条腿大腿用力上提，与上体
呈90度角，小腿自然下垂，脚尖绷
紧，另一条腿站立支撑。

✿ 技术要点

支撑腿伸直，上体保持直立。

✿ 错误纠正

练习时易出现小腿内收等问
题。因此，应注意体会动作要领，使
大小腿保持90度夹角。

✿ 伤害预防

为减少对踝关节的伤害，落地
时踝关节应有缓冲，减少对踝关节
的压力。

▼ 弹踢

✿ 动作方法　见图3—2—50

一条腿小腿后屈，大腿靠近另
一条腿，脚尖绷紧，另一条腿站立
支撑。

图 3—2—48

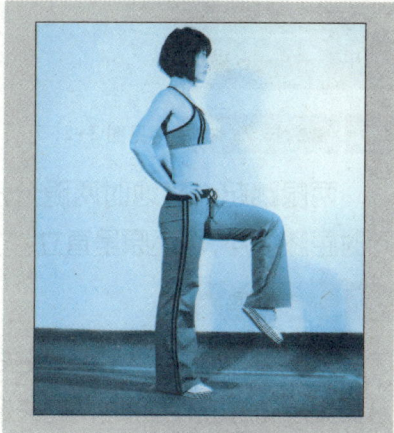

图 3—2—49

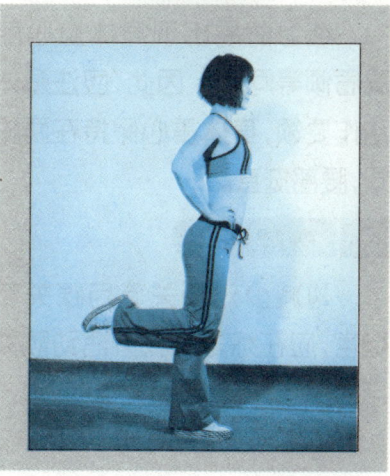

技术要点

大腿肌肉收紧，小腿绷直。

错误纠正

练习时易出现脚尖上踢幅度过大等问题。因此，应注意体会动作要领，将脚尖控制在斜下方45度。

伤害预防

为减少对踝关节的伤害，应在练习前充分活动踝关节。

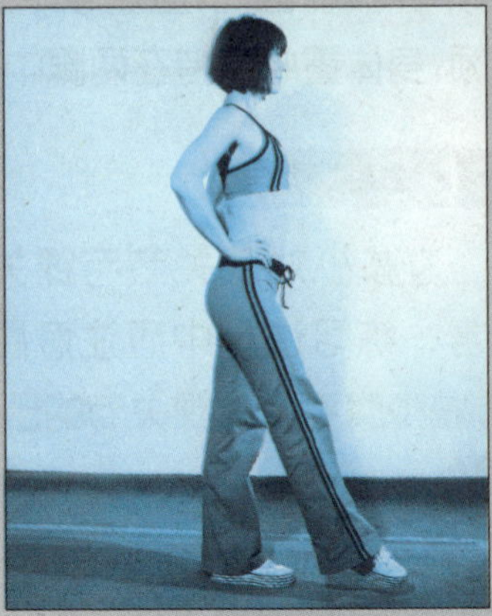

图3-2-50

开合跳

动作方法　见图3-2-51

两腿跳起，落地时两腿分开，同时屈膝缓冲，再还原呈直立。

技术要点

分腿时，两脚自然外开，膝关节沿脚尖方向弯曲；还原时两腿夹紧。

错误纠正

练习时易出现身体重心前倾或后倾等问题。因此，应注意体会动作要领，身体重心保持在两腿中间，腰部挺直。

伤害预防

为减少对膝关节与踝关节的伤害，应在练习前充分活动髋关节与踝关节，反复进行屈伸练习。

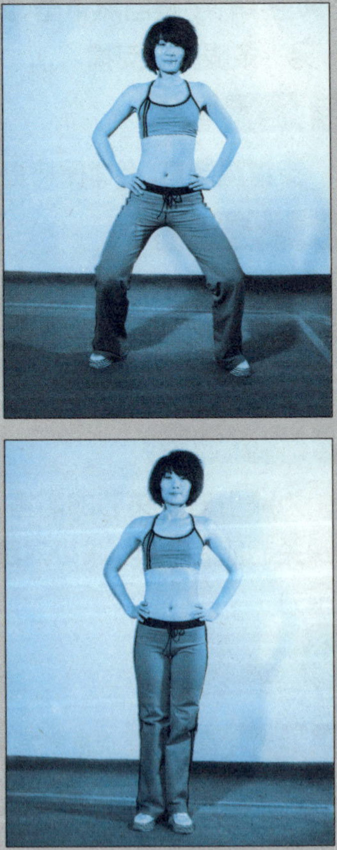

图3-2-51

 **踢腿**

动作方法 见图 3-2-52

一条腿站立支撑，另一条腿脚尖带动大腿向上踢。

技术要点

上踢时须加速用力，立腰，上体尽量保持不动。

错误纠正

练习时易出现身体重心后倾、踢腿时屈膝等问题。因此，应脚部尽量向上顶直，上体保持直立。

伤害预防

为减少对大腿后侧韧带的伤害，应在练习前做充分的准备活动，加强身体的柔韧性练习。

图 3-2-52

 后踢腿跑

动作方法 见图 3-2-53

两脚经过腾空后，一只脚落地，另一条腿小腿后屈。

技术要点

后踢的脚应充分屈伸脚跟贴近臀部，小腿尽量叠于大腿。

错误纠正

练习时易出现脚尖未绷紧、小腿未上踢等问题。因此，应注意体

图 3-2-53

会动作要领，将身体重心前倾，小腿上踢。

基本技术

图 3-2-54

※ **伤害预防**

为减少对踝关节的伤害，应在练习前充分活动踝关节，进行屈伸练习。

点跳

※ **动作方法**　见图 3-2-54

一只脚脚尖点地，另一条腿伸直，左右跳动，落地时前脚掌着地。

※ **技术要点**

上体保持直立，随支撑腿左右移动。

※ **错误纠正**

练习时易出现支撑腿屈膝、身体松懈等问题。因此，应注意体会动作要领，支撑腿伸直。

※ **伤害预防**

为减少对踝关节的伤害，应在练习前充分活动踝关节，进行屈伸练习。

摆腿跳

※ **动作方法**　见图 3-2-55

一条腿站立支撑，另一条腿从内侧踢腿，经前踢向外侧摆动呈半

圆,脚尖、膝盖尽量伸直。

✦ 技术要点

摆腿时上体顺势前倾或后倒,或侧倾直腿摆动。

✦ 错误纠正

练习时易出现摆动腿屈膝、身体松懈等问题。因此,应保持身体直立,随摆腿方向左右摆动。

✦ 伤害预防

为减少对大腿后侧韧带的伤害,应在练习前做充分的准备活动,加强身体的柔韧性练习。

图 3-2-55

基本动作

▼ 并跳

✦ 动作方法　见图 3-2-56

一只脚迈出蹬地,另一只脚并拢起跳,身体重心上提。

✦ 技术要点

脚尖绷紧,两脚起跳。

✦ 错误纠正

练习时易出现重心未上提、身体松懈等问题。因此,应注意体会动作要领,重心上提,保持身体紧张。

✦ 伤害预防

为减少对踝关节的伤害,应在练习前充分活动踝关节,进行屈伸练习。

图 3-2-56

第四章 啦啦操成套动作

啦啦操成套动作是将基本动作组合连接起来,在音乐的伴奏下,使整套动作不再单一,变化较多,更富有表演性。啦啦操成套动作包括单一组合动作和成套综合动作等。

第一节

单一组合动作

单一组合动作是将啦啦操的手臂动作或基本步伐进行组合连接,使得动作更加连贯协调,具有美感。

手臂两拍组合动作

在练习过程中,身体保持直立,在音乐的伴奏下,以两拍为单位,完成一个手臂动作。

组合一

动作方法 见图4-1-1

(1)1~2拍:两臂侧平举,拳心向下,呈"T"字手臂,两臂与身体呈90度,与地面平行,两腿并拢呈直立。

(2)3~4拍:两臂上举,与身体呈一条直线,两臂夹紧耳朵,拳心相对,两腿并拢呈直立。

(3)5~6拍:两臂斜上举(略前倾)呈"V"字,手臂用力伸直,拳心向下,手腕平直,两腿并拢呈直立。

(4)7~8拍:两臂斜下举呈"V"字,手臂用力伸直,拳心向下,手腕平直,两腿并拢呈直立。

技术要点

上体保持直立,抬头,挺胸,收腹,在音乐的伴奏下完成动作,两拍一动。

错误纠正

练习时易出现含胸或挺腹等问题。因此,应抬头,挺胸,收腹,肩关节尽量展开。

伤害预防

为减少对肩关节的伤害,应在练习前充分活动肩关节,通过伸拉、绕环等练习,使肩关节灵活自如。

1～2 拍

3～4 拍

5～6 拍

7～8 拍

图 4-1-1

组合二

动作方法 见图 4-1-2

(1)1～2 拍:两手胸前拍手两次,两手位置略低于面部。

(2)3～4 拍:两臂斜下举,手臂伸直,与身体呈锐角,拳心相对,两腿并拢呈直立。

(3)5～6 拍:两手叉腰,保持上体正直,挺胸,抬头,收腹。

(4)7～8 拍:两臂胸前弯举,上臂夹紧身体,与前臂呈锐角,两手呈拳,拳心相对,两拳平行于下颌,两腿并拢呈直立。

❋ 技术要点

上体保持直立,抬头,挺胸,收腹,在音乐的伴奏下完成动作,两拍一动。

❋ 错误纠正

练习时易出现含胸或挺腹等问题。因此,应抬头,挺胸,收腹,肩关节尽量展开。

❋ 伤害预防

为减少对肩关节的伤害,应在练习前充分活动肩关节,通过伸拉、绕环等练习,使肩关节灵活自如。

1～2拍

3～4拍

5～6拍

7～8拍

图4—1—2

組合三

動作方法　见图4-1-3

(1)1~2拍:正面的弓箭手,一只手臂呈"T"形,另一只手臂屈臂,拳头靠近肩部,拳心向下,两腿并拢呈直立。

(2)3~4拍:两臂伸直上举,与身体呈一条直线,两臂夹紧耳朵,拳心相对,两腿并拢呈直立。

(3)5~6拍:左臂斜上举,右臂斜下举,呈"K"字手臂,拳心向内,目视前方。

(4)7~8拍:两臂侧平举,拳心向下,呈"T"字手臂,两臂与身体呈90度,与地面平行,两腿并拢呈直立。

技术要点

上体保持直立,抬头,挺胸,收腹,在音乐的伴奏下完成动作,两拍一动。

错误纠正

练习时易出现含胸或挺腹等问题。因此,应抬头,挺胸,收腹,肩关节尽量展开。

伤害预防

为减少对肩关节的伤害,应在练习前充分活动肩关节,通过伸拉、绕环等练习,使肩关节灵活自如。

1~2 拍

3~4 拍

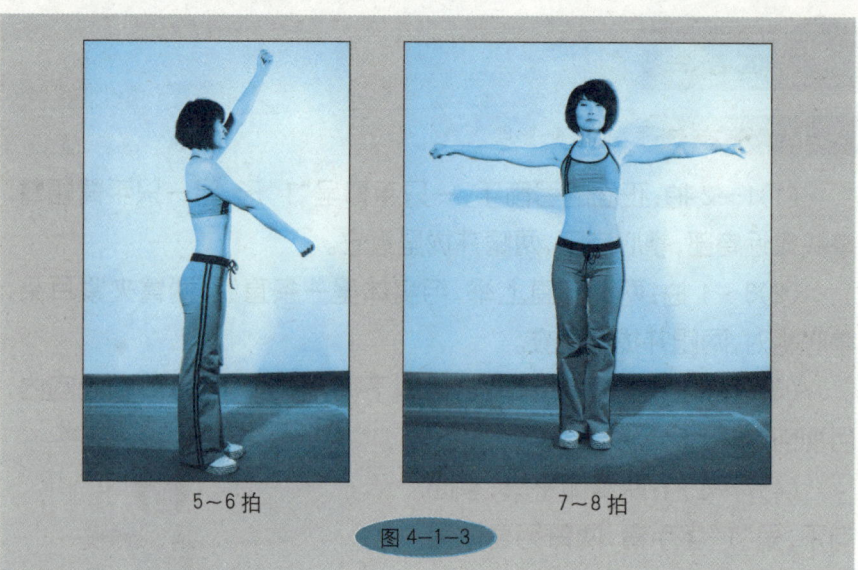

5~6 拍 　　　　　　　　　 7~8 拍

图 4—1—3

组合四

动作方法　见图 4—1—4

（1）1~2 拍：两臂向体前下举，与身体呈锐角，手臂绷紧，拳心相对，两腿并拢呈直立。

（2）3~4 拍：斜线动作，一只手臂呈高举"V"字，另一只手臂呈下举"V"字。

（3）5~6 拍："L"动作，左臂呈"T"字，拳心向下，与身体呈 90 度角，右臂上举，拳心向内，手臂贴紧耳朵，两腿并拢呈直立。

（4）7~8 拍：勇往直前，两臂前平举，两手呈拳，拳心相对，竖起拇指，两腿并拢呈直立。

技术要点

上体保持直立，抬头，挺胸，收腹，在音乐的伴奏下完成动作，两拍一动。

错误纠正

练习时易出现含胸或挺腹等问题。因此，应抬头，挺胸，收腹，肩关节尽量展开。

伤害预防

为减少对肩关节的伤害,应在练习前充分活动肩关节,通过伸拉、绕环等练习,使肩关节灵活自如。

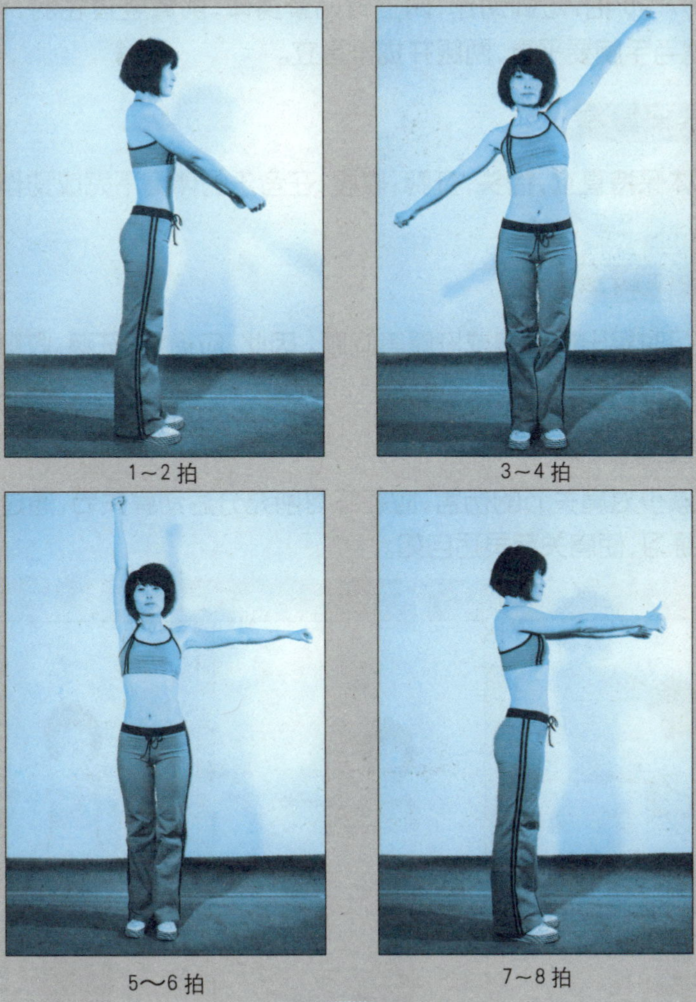

![图 4-1-4]

1～2 拍	3～4 拍
5～6 拍	7～8 拍

图 4-1-4

组合一

动作方法 见图 4-1-5

(1)1～2 拍:勇往直前,两臂前平举,两手呈拳,拳心相对,竖起拇

指,两腿并拢呈直立,可换手轮做。

(2)3~4拍:右"L"动作,左臂呈"T"字,拳心向下,与身体呈90度角,右臂上举,拳心向内,手臂贴紧耳朵,两腿并拢呈直立。

(3)5~6拍:左"L"动作,与3~4拍动作相同,方向相反。

(4)7~8拍:短剑动作,两上臂贴紧身体,前臂竖直屈肘,拳心向内,手臂与手腕要平直,两腿并拢呈直立。

❖ 技术要点

上体保持直立,抬头,挺胸,收腹,在音乐的伴奏下完成动作,两拍一动。

❖ 错误纠正

练习时易出现含胸或挺腹等问题。因此,应抬头,挺胸,收腹,肩关节尽量展开。

❖ 伤害预防

为减少对肩关节的伤害,应在练习前充分活动肩关节,通过伸拉、绕环等练习,使肩关节灵活自如。

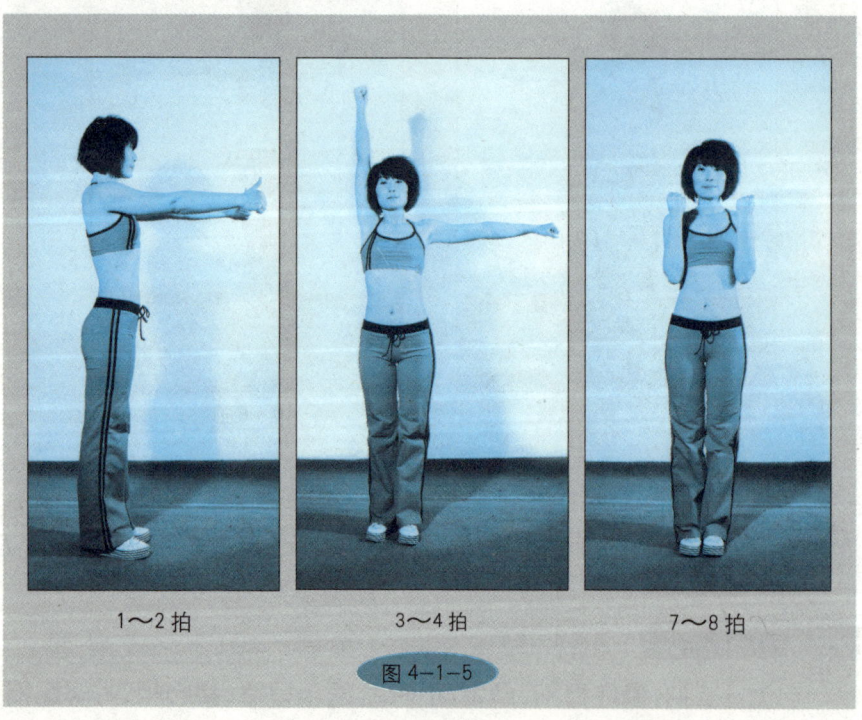

| 1~2拍 | 3~4拍 | 7~8拍 |

图4-1-5

在练习过程中,身体保持直立,在音乐的伴奏下,以一拍为单位,完成一个手臂动作。

组合一

动作方法 见图4-1-6

(1)1拍:两手胸前拍手,两手位置略低于面部。

(2)2拍:两臂上举,与身体呈一条直线,夹紧耳朵,拳心相对,两腿并拢呈直立。

(3)3拍:两臂侧平举,呈"T"字手臂,拳心向下,两臂与身体呈90度,与地面平行,两腿并拢呈直立。

(4)4拍:两臂斜上举(略前倾)呈"V"字,手臂用力伸直,拳心向下,手腕平直,两腿并拢呈直立。

(5)5拍:两臂斜下举呈倒"V"字,手臂用力伸直,拳心向下,手腕平直,两腿并拢呈直立。

(6)6拍:两手胸前拍手,两手位置略低于面部。

(7)7拍:正面的弓箭手,一只手臂呈"T"形,另一只手臂屈臂,拳头靠近肩部,拳心向下,两腿并拢呈直立。

(8)8拍:两臂伸直上举,与身体呈一条直线,夹紧耳朵,拳心相对,两腿并拢呈直立。

技术要点

上体保持直立,抬头,挺胸,收腹,在音乐的伴奏下完成动作,一拍一动。

错误纠正

练习时易出现含胸或挺腹等问题。因此,应抬头、挺胸、收腹,肩关节尽量展开。

伤害预防

为减少对肩关节的伤害,应在练习前充分活动肩关节,通过伸拉、绕环等练习,使肩关节灵活自如。

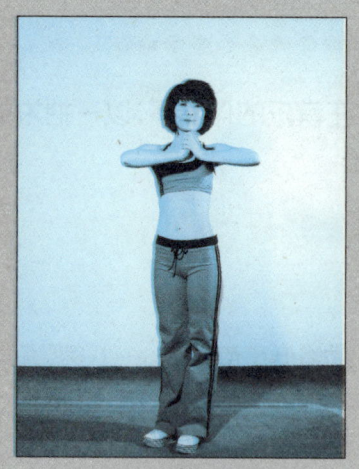

1 拍

2 拍

3 拍

4 拍

5 拍

6 拍

7拍　　　　　　　　　　　　8拍

图 4-1-6

组合二

 动作方法　见图 4-1-7

（1）1 拍：侧面的两臂下举，两臂伸直向下呈一条斜线，手臂绷紧，拳心相对，两腿并拢呈直立。

（2）2 拍：两手叉腰，保持上体正直，挺胸，抬头，收腹。

（3）3 拍：两臂胸前弯举，上臂夹紧身体，与前臂呈锐角，两手呈拳，拳心相对，两拳平行于下颌，两腿并拢呈直立。

（4）4 拍：左臂斜上举，右臂斜下举，呈"K"字手臂，拳心向内，目视前方。

（5）5 拍：右"L"动作，左臂呈"T"字，拳心向下，与身体呈 90 度角，右臂上举，拳心向内，手臂贴紧耳朵，两腿并拢呈直立。

（6）6 拍：勇往直前，两臂前平举，两手呈拳，拳心相对，竖起拇指，两腿并拢呈直立。

（7）7 拍：两臂胸前弯举，上臂夹紧身体，与前臂呈锐角，两手呈拳，拳心相对，两拳平行于下颌，两腿并拢呈直立。

（8）8 拍：断"T"字动作，由"T"字动作屈肘，两前臂与地面平行，两腿并拢呈直立。

✿ 技术要点

上体保持直立,抬头,挺胸,收腹,在音乐的伴奏下完成动作,一拍一动。

✿ 错误纠正

练习时易出现含胸或挺腹等问题。因此,应抬头,挺胸,收腹,肩关节尽量展开。

✿ 伤害预防

为减少对肩关节的伤害,应在练习前充分活动肩关节,通过伸拉、环绕等练习,使肩关节灵活自如。

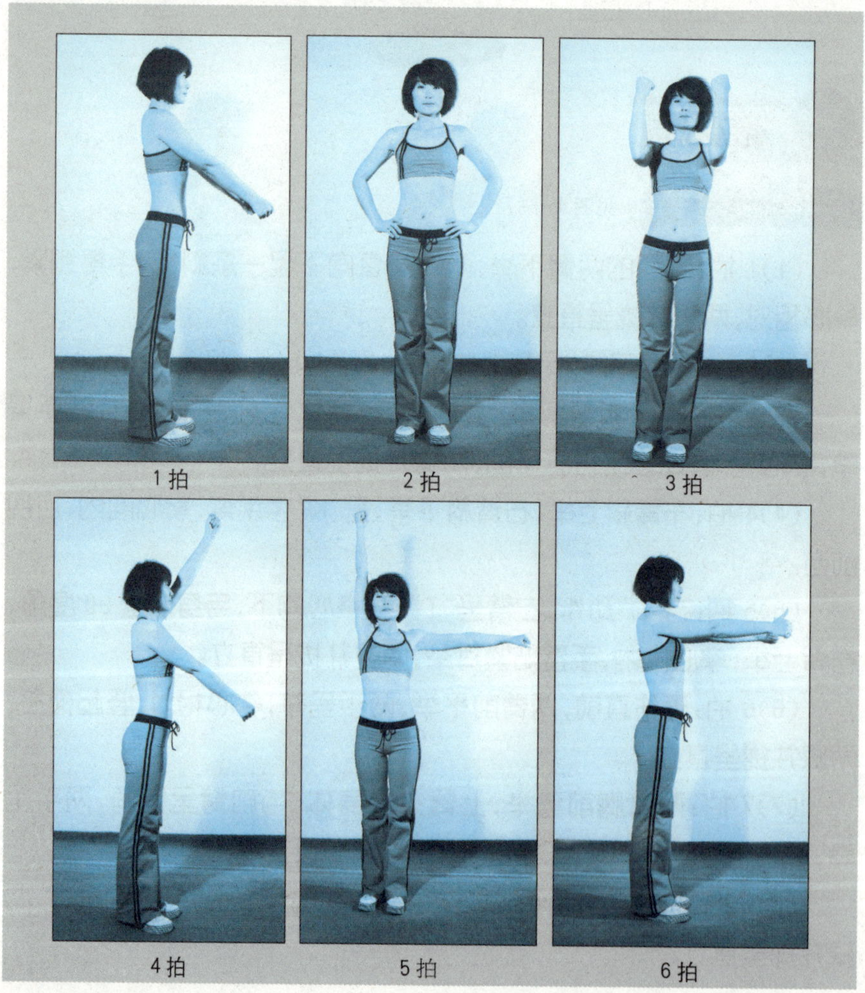

啦啦操成套动作

1拍	2拍	3拍
4拍	5拍	6拍

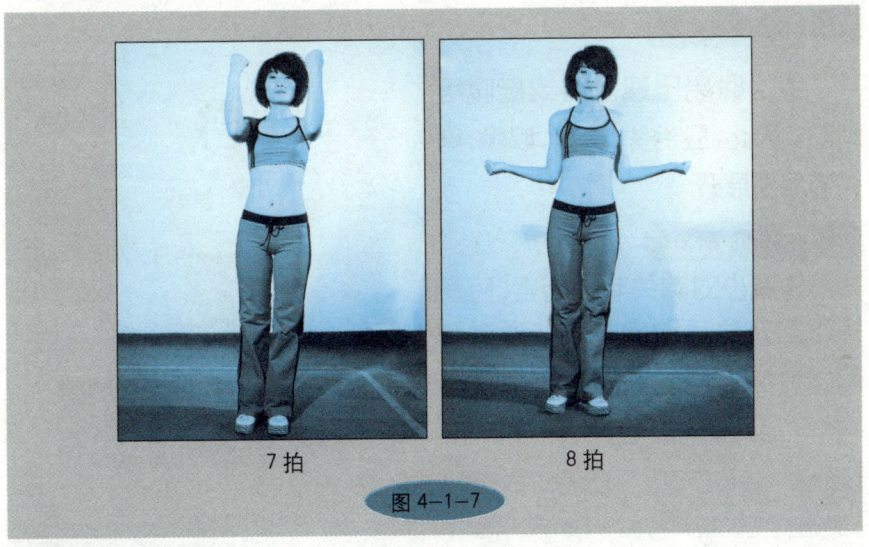

7 拍　　　　　　　8 拍

图 4—1—7

 **组合三**

✿ **动作方法**　　见图 4—1—8

(1)1 拍:右"L"动作,左臂呈"T"字,拳心向下,与身体呈 90 度角,右臂上举,拳心向内,手臂贴紧耳朵,两腿并拢呈直立。

(2)2 拍:左"L"动作,与右"L"动作相同,方向相反。

(3)3 拍:斜线动作,一只手臂呈高举"V"字,另一只手臂呈下举"V"字。

(4)4 拍:高举"V"字,两臂斜上举(略前倾)呈"V"字,手臂用力伸直,拳心向下,手腕平直,两腿并拢呈直立。

(5)5 拍:两手胸前拍手,两手位置略低于面部。

(6)6 拍:弓箭手,一只手臂呈"T"形,另一只手臂屈臂,拳头靠向肩部,拳心向内,两腿并拢呈直立。

(7)7 拍:短剑动作,两上臂贴紧身体,前臂竖直屈肘,拳心向内,两腿并拢呈直立。

(8)8 拍:两手叉腰,保持上体正直,挺胸,抬头,收腹。

✿ **技术要点**

上体保持直立,抬头,挺胸,收腹,在音乐的伴奏下完成动作,一拍一动。

错误纠正

练习时易出现含胸或挺腹等问题。因此,应抬头,挺胸,收腹,肩关节尽量展开。

伤害预防

为减少对肩关节的伤害,应在练习前充分活动肩关节,通过伸拉、绕环等练习,使肩关节灵活自如。

1～2 拍

3 拍

4 拍

5 拍

6 拍

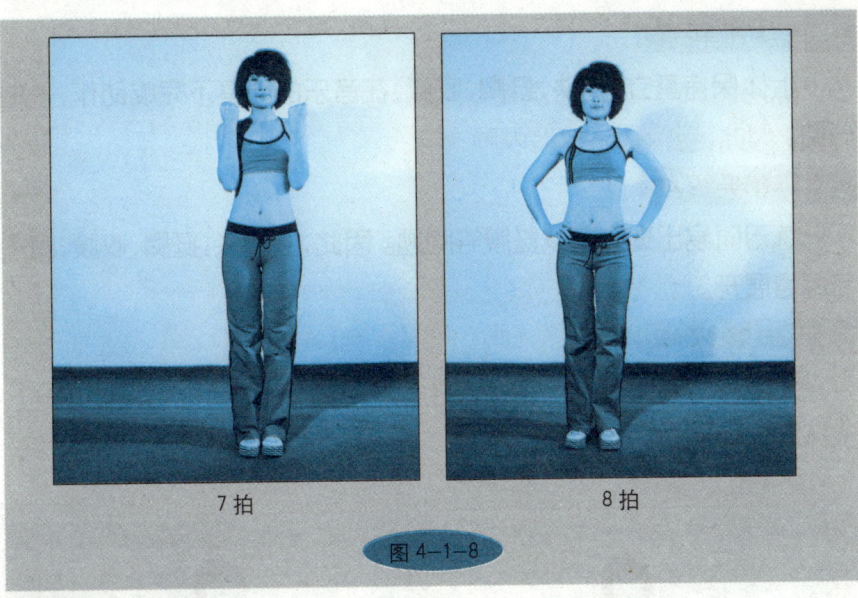

7 拍　　　　　　　　　　　　8 拍

图 4-1-8

组合四

动作方法　见图 4-1-9

(1)1 拍:两臂侧平举呈"T"字手臂,拳心向下,两臂与身体呈 90 度,与地面平行,两腿并拢呈直立。

(2)2 拍:高举"V"字,两臂侧上举(略前倾)呈"V"字,手臂伸直用力或者拳心向下方,手腕平直,两腿并拢呈直立。

(3)3 拍:两手胸前拍手,两手位置略低于面部。

(4)4 拍:两臂伸直上举,与身体呈一条直线,夹紧耳朵,拳心相对,两腿并拢呈直立。

(5)5 拍:下举"V"字,两臂斜下举呈"V"字,手臂用力伸直,拳心向下,手腕平直,两腿并拢呈直立。

(6)6 拍:两手叉腰,保持上体正直,挺胸,抬头,收腹。

(7)7 拍:两臂胸前弯举,上臂夹紧身体,与前臂呈锐角,两手呈拳,拳心相对,两拳平行于下颌,两腿并拢呈直立。

(8)8 拍:右"L"动作,左臂呈"T"字,拳心向下,与身体呈 90 度角,右臂上举,拳心向内,手臂贴紧耳朵,两腿并拢呈直立;耳朵,两腿并拢呈直立。

技术要点

上体保持直立,抬头,挺胸,收腹,在音乐的伴奏下完成动作,一拍一动。

错误纠正

练习时易出现含胸或挺腹等问题。因此,应抬头,挺胸,收腹,肩关节尽量展开。

伤害预防

为减少对肩关节的伤害,应在练习前充分活动肩关节,通过伸拉、绕环等练习,使肩关节灵活自如。

1拍

2拍

3拍

4拍

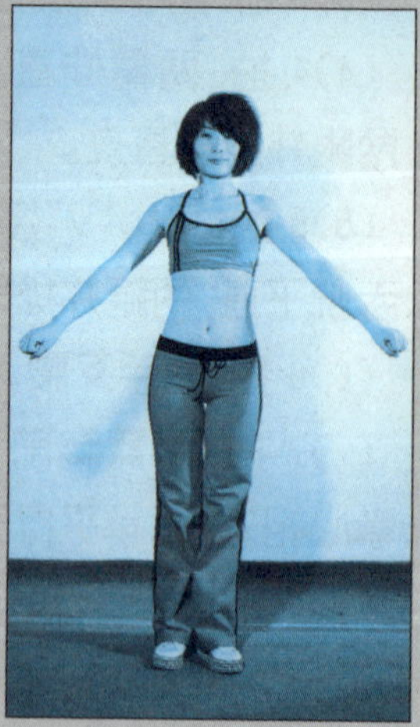

5拍

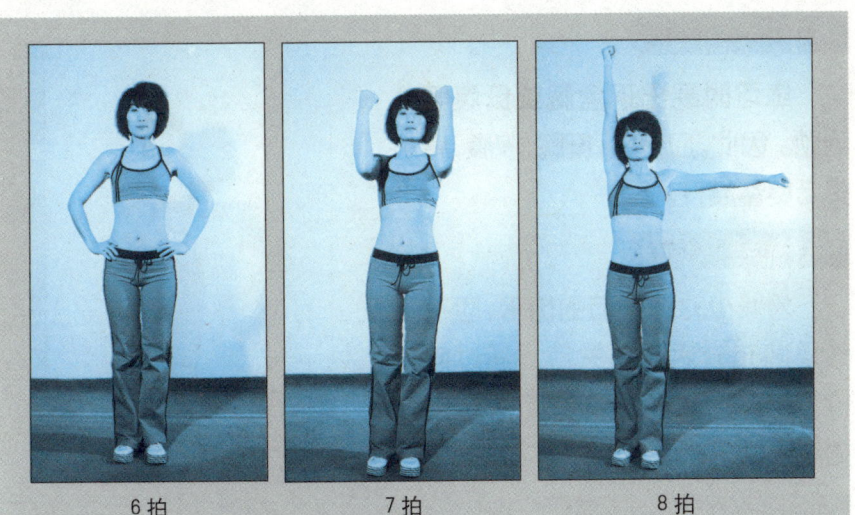

6 拍   7 拍   8 拍

图 4-1-9

组合五

❀ **动作方法**　见图 4-1-10

(1)1 拍:烛台动作,两臂伸直前举,手腕内扣,两手呈掌,掌指尖向内相对。

(2)2 拍:右"L"动作,左臂呈"T"字,拳心向下,与身体呈 90 度角,右臂上举,拳心向内,手臂贴紧耳朵,两腿并拢呈直立。

(3)3 拍:左"L"动作,与右"L"动作相同,方向相反。

(4)4 拍:左斜线动作,左臂呈高举"V"字,右臂呈下举"V"字。

(5)5 拍:左臂斜前举,右臂斜下举,两臂呈左"K"形,拳心向内。

(6)6 拍:弓箭手,一只手呈"T"形,同时另一只手臂屈臂,拳头靠肩部,拳心向下,可左右交替,两腿并拢呈直立。

(7)7 拍:两臂胸前弯举,上臂夹紧身体,与前臂呈锐角,两手呈拳,拳心相对,两拳平行于下颌,两腿并拢呈直立。

(8)8 拍:两手胸前拍手,两手位置略低于面部。

❀ **技术要点**

上体保持直立,抬头,挺胸,收腹,在音乐的伴奏下完成动作,一拍一动。

❋ 错误纠正

练习时易出现含胸或挺腹等问题。因此,应抬头,挺胸,收腹,肩关节尽量展开。

❋ 伤害预防

为减少对肩关节的伤害,应在练习前充分活动肩关节,通过伸拉、绕环等练习,使肩关节灵活自如。

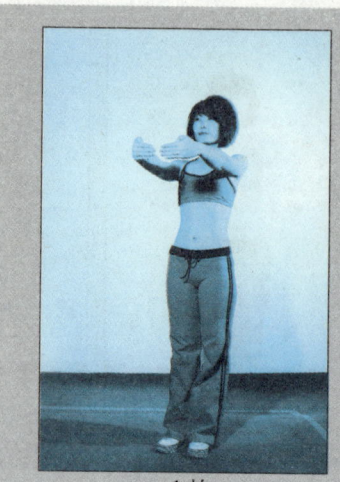

1拍

2拍

4拍

5拍

6拍

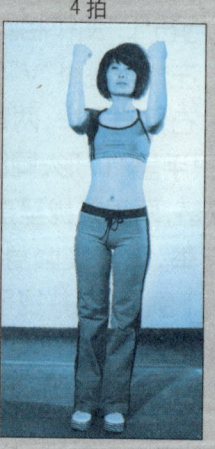

7拍

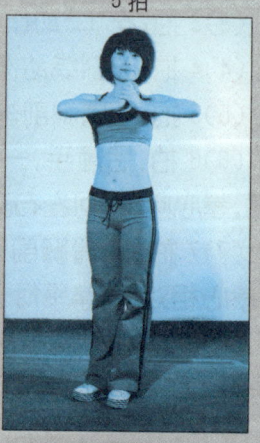

8拍

图4-1-10

在练习过程中，身体保持直立，在音乐的伴奏下，以四拍为单位，完成一个基本步法动作。

动作方法　见图4-1-11

（1）1~4拍：脚尖离地原位踏步，两腿依次抬起、落地，落地时由脚尖过渡到脚跟着地，屈膝时胯部略收，两臂自然前后摆动。

（2）5~8拍："V"字步，右脚向右前方迈一步，屈膝缓冲，左脚向左前方迈一步，两腿呈屈膝半蹲，距离略比肩宽，两脚运动轨迹呈"V"字形，然后依次收回。

技术要点

保持身体直立，抬头，挺胸，收腹，面带微笑，落地时膝关节尽量屈膝缓冲，身体重心上提。

错误纠正

练习时易出现不屈膝缓冲或身体重心不随步法移动等问题。因此，应保持上体直立，收腹，立腰，重心随步法移动。

伤害预防

为减少对髋关节与踝关节的伤害，应在练习前充分活动髋关节与踝关节，练习过程中注意屈膝缓冲。

1~4拍

图 4—1—11

组合二

动作方法　见图 4—1—12

（1）1～4 拍：向前平移的恰恰步（水兵步），在 2 拍节奏中，快速踏步 3 次。

（2）5～8 拍：向斜前方一字步，一只脚向体前迈一步，后脚并于前脚，略屈膝，然后两脚依次退回原位。

技术要点

保持身体直立，抬头，挺胸，收腹，面带微笑，落地时膝关节尽量屈膝缓冲，身体重心上提。

错误纠正

练习时易出现不屈膝缓冲或

啦啦操成套动作

身体重心不随步法移动等问题。因此，应保持上体直立，收腹，立腰，重心随步法移动。

1～4 拍

单一组合动作

伤害预防

为减少对髋关节与踝关节的伤害，应在练习前充分活动髋关节与踝关节，练习过程中注意屈膝缓冲。

图 4-1-12

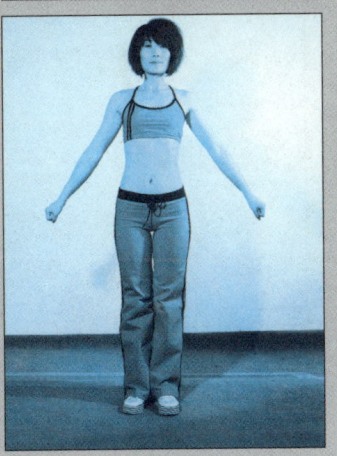

5～8 拍

动作方法　　见图4-1-13

（1）1～4拍：脚尖向体前点地，一条腿向体前伸出，脚尖有弹性地点地，另一条腿略屈膝站立，两腿有弹性地屈伸，点地时身体重心始终在支撑腿上。

（2）5～8拍：脚尖侧点地，一条腿向体侧伸出，脚尖有弹性地点地，另一条腿略屈膝站立，两腿有弹性地屈伸，点地时身体重心始终在支撑腿上。

技术要点

保持身体直立，抬头，挺胸，收腹，面带微笑，落地时膝关节尽量屈膝缓冲，身体重心上提。

错误纠正

练习时易出现不屈膝缓冲或身体重心不随步法移动等问题。因此，应保持上体直立，收腹，立腰，重心随步伐移动。

伤害预防

为减少对髋关节与踝关节的伤害，应在练习前充分活动髋关节与踝关节，练习过程中注意屈膝缓冲。

1～4拍　　　　　　　5～8拍

图4-1-13

组合四

动作方法　见图 4-1-14

（1）1～4 拍：原地单腿移重心，身体重心从一端移向另一端。

（2）5～8 拍：脚尖向体前点地，一条腿向体前伸出，脚尖有弹性地点地，另一条腿略屈膝站立，两腿有弹性地屈伸，点地时身体重心始终在支撑腿上。

技术要点

保持身体直立，抬头，挺胸，收腹，面带微笑，落地时膝关节尽量屈膝缓冲，身体重心上提。

错误纠正

练习时易出现不屈膝缓冲或身体重心不随步法移动等问题。因此，应保持上体直立，收腹，立腰，重心随步伐移动。

伤害预防

为减少对髋关节与踝关节的伤害，应在练习前充分活动髋关节与踝关节，练习过程中注意屈膝缓冲。

1～4 拍

5～8 拍

图 4-1-14

 **组合五**

见图4-1-15

（1）1~4拍：一只脚向体侧迈出，另一只脚随在其内侧并腿点地，同时屈膝，重心随之移动，两膝自然屈伸，并保持一定的弹性。

（2）5~8拍：向左侧平移的交叉步，左脚向体前迈出，右脚在其后方交叉，随之右脚再向右侧迈一步，左脚跟进并拢。

技术要点

保持身体直立，抬头、挺胸、收腹，面带微笑，落地时膝关节尽量屈膝缓冲，身体重心上提。

错误纠正

练习时易出现不屈膝缓冲或身体重心不随步法移动等问题。因此，应保持上体直立，收腹，立腰，重心随步伐移动。

伤害预防

为减少对髋关节与踝关节的伤害，应在练习前充分活动髋关节与踝关节，练习过程中注意屈膝缓冲。

1~4拍

啦啦操成套动作

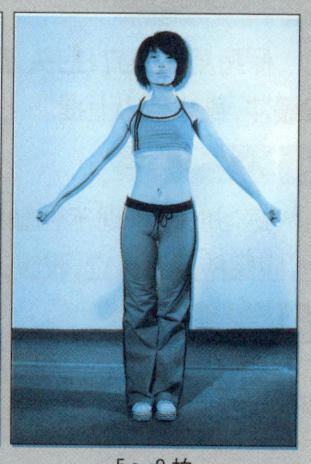

5～8 拍

图 4-1-15

第二节
成套综合动作

啦啦操成套综合动作是将手形、手臂动作和基本步伐组合连接起来,在音乐的伴奏下,使动作更富于变化和表现力的动作练习。

动作方法 见图 4-2-1

(1)1～2 拍:1 拍,右脚向右侧迈一步,与肩同宽,两臂斜上举,手臂伸直呈上举"V"字,两手呈拳;2 拍,两腿屈膝。

(2)3～4 拍:两腿同时跳起,并拢还原呈直立,两臂斜下举,手臂伸直呈下举"V"字,两手呈拳。

(3)5～6 拍:5 拍,右脚尖体前点地一次,左腿屈膝缓冲两手体前交握;6 拍,左脚尖点体前地一次,右腿屈膝缓冲,两手体前交握。

(4)7～8 拍:与 5～6 拍动作相同。

✳ 技术要点

保持身体直立,抬头,挺胸,收腹,面带微笑,落地时膝关节尽量屈膝缓冲,身体重心上提。

✳ 错误纠正

练习时易出现不屈膝缓冲或身体重心不随步法移动等问题。因此,应保持上体直立,收腹,立腰,重心随步伐移动。

✳ 伤害预防

为减少对膝关节、肩关节和踝关节的伤害,应在练习前做好充分的准备活动,使各关节灵活自如。

1 拍　　　　　　　　　　2 拍

3～4 拍　　　　5 拍　　　　6 拍

图 4-2-1

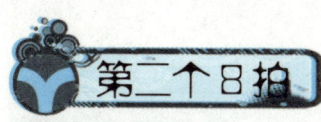

动作方法 见图4-2-2

（1）1～2拍：1拍，右脚向右侧迈一步，同时向右摆髋一次，右手叉腰，左臂向斜下方伸出呈拳；2拍，两腿伸直开立，与肩同宽或者略宽于肩部，左手叉腰，右臂侧上举屈肘，上臂与前臂呈90度角，右手握拳。

（2）3～4拍：与1～2拍动作相同，方向相反。

（3）5～6拍：5拍，左腿呈弓步，大腿与小腿呈90度角，左手叉腰，同时身体向左侧转90度，右手呈拳，向左斜下方伸直；6拍，两腿跳起，并拢呈直立，两臂斜上举。

（4）7～8拍：7拍，两膝并拢，两腿同时下屈，两手叉腰，肘关节与身体在同一水平面上，同时向左侧倒头一次；8拍，两腿还原呈直立。

技术要点

保持身体直立，抬头，挺胸，收腹，面带微笑，落地时膝关节尽量屈膝缓冲，身体重心上提。

错误纠正

练习时易出现不屈膝缓冲或身体重心不随步法移动等问题。因此，应保持上体直立，收腹，立腰，重心随步伐移动。

伤害预防

为减少对膝关节、肩关节和踝关节的伤害，应在练习前做好充分

1拍

2拍

成套综合动作

的准备活动,使各关节灵活自如。

5 拍

6 拍

7 拍

8 拍

图 4-2-2

第三个8拍

动作方法 见图 4-2-3

(1)1~2 拍:左腿做侧弓步,身体左转,左臂上举,贴紧耳朵,右臂前伸,与身体呈 90 度角,两手呈拳,拳心向内。

(2)3~4 拍:两腿紧绷直立,两臂斜上举呈高举"V"字,拳心向下。

(3)5~8 拍:与 1~4 拍动作相同,方向相反。

❈ **技术要点**

保持身体直立,抬头,挺胸,收腹,面带微笑,落地时膝关节尽量屈膝缓冲,身体重心上提。

❈ **错误纠正**

练习时易出现不屈膝缓冲或身体重心不随步伐移动等问题。因此,应保持上体直立,收腹,立腰,重心随步伐移动。

❈ **伤害预防**

为减少对膝关节、肩关节和踝关节的伤害,应在练习前做好充分的准备活动,使各关节灵活自如。

1～2 拍　　　　　　　　3～4 拍

图 4-2-3

 **第四个8拍** ◆◆◆◆◆◆◆

❈ **动作方法**　见图 4-2-4

(1)1～2 拍:开合跳,两腿跳开与肩同宽或略宽于肩部,两臂侧平举呈"T"字,两手呈拳,拳心向下。

(2)3～4 拍:两腿紧绷,两手上举在头顶交握,两臂夹紧耳朵。

(3)5～6 拍:5 拍,开合跳,两腿跳开与肩同宽或略宽于肩部,两臂

侧平举呈"T"字；6拍，两腿还原呈直立，两臂前举，两手胸前交叉。

（4）7～8拍：两腿屈伸两次，两手胸前屈肘，上下振动两次，两手呈拳，拳心向内。

技术要点

保持身体直立，抬头、挺胸、收腹、面带微笑，落地时膝关节尽量屈膝缓冲，身体重心上提。

错误纠正

练习时易出现不屈膝缓冲或身体重心不随步法移动等问题。因此，应保持上体直立，收腹、立腰，重心随步法移动。

伤害预防

为减少对膝关节、肩关节和踝关节的伤害，应在练习前做好充分的准备活动，使各关节灵活自如。

1～2拍	3～4拍

5拍　　　　　　　　　　6拍　　　　　　　　7～8拍

图4-2-4

 第五个8拍 ◆◆◆◆◆◆◆◆◆

动作方法 见图4-2-5

（1）1～2拍：两腿开立，向左侧摆髋两次，两臂向右斜下方45度伸直，两手交握，两臂夹紧。

（2）3～4拍：两腿开立，向左摆髋两次，两臂向左斜下方45度伸直，两手交握，两臂夹紧。

（3）5～6拍：两腿开立，左右摆髋各一次，两腿开立，向左摆髋两次，两臂向斜下方45度伸直，两手交握，两臂夹紧。

（4）7～8拍：与5～6拍动作相同，方向相反。

技术要点

保持身体直立，抬头，挺胸，收腹，面带微笑，落地时膝关节尽量屈膝缓冲，身体重心上提。

错误纠正

练习时易出现不屈膝缓冲或身体重心不随步法移动等问题。因此，应保持上体直立，收腹，立腰，重心随步法移动。

伤害预防

为减少对膝关节、肩关节和踝关节的伤害,应在练习前做好充分的准备活动,使各关节灵活自如。

1～2 拍   3～4 拍

图 4-2-5

第六个8拍 ◆◆◆◆◆◆◆

动作方法 见图 4-2-6

(1)1～2 拍:左腿下跪,膝盖着地,大腿与小腿呈 90 度,右腿屈膝,大腿与小腿呈 90 度,两臂上举呈高举"V"字,两手呈拳。

(2)3～4 拍:起身两腿并拢,身体呈直立,两臂体侧斜下举呈下举"V"字,两手呈拳。

(3)5～6 拍:5 拍,左腿向侧摆腿一次,脚尖绷紧,与膝盖呈一条斜线,两臂侧平举呈"T"字;6 拍,左脚落在右脚前方呈前后交叉步,同时两腿屈膝,左臂斜下举,右臂斜上举。

(4)7～8 拍:7 拍,右脚向右侧迈一步,与肩同宽或略宽于肩部,同时两膝下屈,两手撑腰,手形呈分开式;8 拍,两脚跳起,同时并腿落地,两手胸前拍手。

技术要点

保持身体直立,抬头,挺胸,收腹,面带微笑,落地时膝关节尽量屈膝缓冲,身体重心上提。

错误纠正

练习时易出现不屈膝缓冲或身体重心不随步法移动等问题。因此,应保持上体直立,收腹,立腰,重心随步法移动。

伤害预防

为减少对膝关节、肩关节和踝关节的伤害,应在练习前做好充分的准备活动,使各关节灵活自如。

1～2拍

3～4拍

5拍

6拍

成套综合动作

7 拍

8 拍

图 4—2—6

第七个8拍

动作方法 见图 4—2—7

(1)1～2 拍:右脚向体前恰恰步,两臂胸前弯曲,两手呈拳,拳心向内。

(2)3～4 拍:3 拍,左腿向左侧迈步,落地屈膝呈弓步,右腿伸直,左臂斜上举,右臂斜下举,两臂呈一条斜线;4 拍,右腿向左腿靠拢,两臂呈"K"字,两手呈拳,拳心相对。

(3)5～7 拍:踏步左转 270 度,两手胸前拍手。

(4)8 拍:左腿直立,右腿向左腿并拢,屈膝,脚尖点地,向左侧倒头,右手呈弓箭手,两手呈拳。

技术要点

保持身体直立,抬头,挺胸,收腹,面带微笑,落地时膝关节尽量屈膝缓冲,身体重心上提。

练习时易出现不屈膝缓冲或身体重心不随步法移动等问题。因此，应保持上体直立，收腹、立腰，重心随步法移动。

　　为减少对膝关节、肩关节和踝关节的伤害，应在练习前做好充分的准备活动，使各关节灵活自如。

3～4拍

成套综合动作

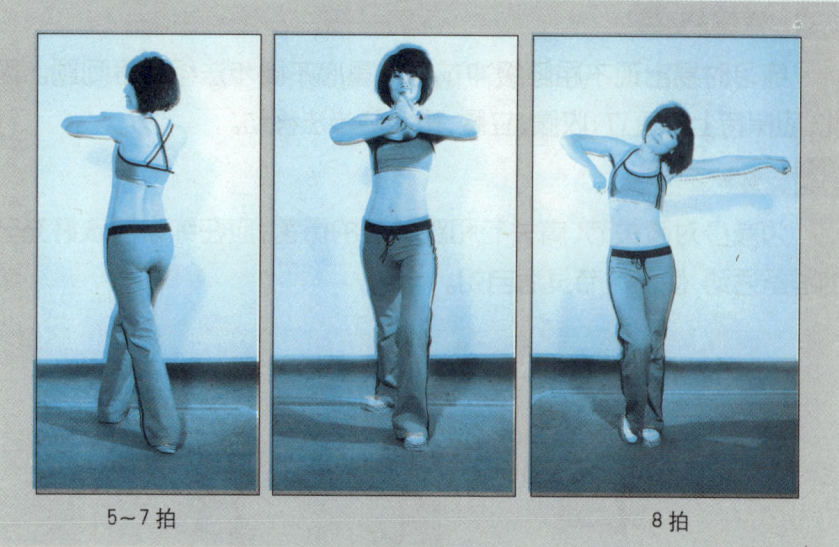

5～7拍　　　　　　　　　　8拍

图4-2-7

动作方法　见图4-2-8

(1)1～2拍:左脚开始向体前曼步,两臂内绕360度交叉,两手呈拳。

(2)3～4拍:左脚开始向后曼步,两臂做短剑动作,两手呈拳。

(3)5～6拍:5拍,左右摆髋,两臂胸前平举;6拍,左右摆髋,两臂胸前弯曲。

(4)7～8拍:7拍,左右摆髋,两臂呈"T"字;8拍,左右摆髋,两手直臂于头上拍手,手形呈并拢式。

技术要点

保持身体直立,抬头,挺胸,收腹,面带微笑,落地时膝关节尽量屈膝缓冲,身体重心上提。

错误纠正

练练习时易出现不屈膝缓冲或身体重心不随步法移动等问题。因此,应保持上体直立,收腹,立腰,重心随步法移动。

❄ **伤害预防**

　　为减少对膝关节、肩关节和踝关节的伤害，应在练习前做好充分
的准备活动，使各关节灵活自如。

1～2 拍

3～4 拍

5～6 拍

成套综合动作

7拍

8拍

图4—2—8

 第九个8拍 ◆◆◆◆◆◆◆◆◆◆

动作方法　见图4—2—9

（1）1～2拍：1拍，右腿向上提膝，脚尖绷紧，上体前倾，右臂斜后举，左臂胸前弯曲，肘关节下拉；2拍，右腿落地踏步一次，换左脚踏步，左臂斜后举，右臂胸前弯曲，肘关节下拉。

（2）3～4拍：与1～2拍动作相同，方向相反。

（3）5～8拍：与1～4拍动作相同。

技术要点

保持身体直立，抬头，挺胸，收腹，面带微笑，落地时膝关节尽量屈膝缓冲，身体重心上提。

错误纠正

练习时易出现不屈膝缓冲或身体重心不随步法移动等问题。因此，应保持上体直立，收腹，立腰，重心随步法移动。

伤害预防

为减少对膝关节、肩关节和踝关节的伤害,应在练习前做好充分的准备活动,使各关节灵活自如。

1 拍　　　　　　　　2 拍

图 4-2-9

 第十个8拍 ◆◆◆◆◆◆◆◆

 **动作方法**　见图 4-2-10

(1)1～2 拍:1 拍,右脚向体前迈一步,两臂平行前举;2 拍,左腿吸腿一次,两臂胸前弯曲。

(2)3～4 拍:3 拍,左脚向后退一步,两臂呈高举"V"字;4 拍,两腿直立并拢,两臂呈下举"V"字。

(3)5～6 拍:左脚尖点地跳两次,左臂下垂贴紧身体,右臂上举,向上冲拳两次,手臂贴紧耳朵。

(4)7～8 拍:7 拍,开合跳,两腿分开,同时屈膝,两手扶膝,挺胸、塌腰,头向右侧倒;8 拍,还原呈直立,两手胸前拍手。

技术要点

保持身体直立,抬头,挺胸,收腹,面带微笑,落地时膝关节尽量屈膝缓冲,身体重心上提。

错误纠正

练习时易出现不屈膝缓冲或身体重心不随步法移动等问题。因此,应保持上体直立,收腹,立腰,重心随步法移动。

伤害预防

为减少对膝关节、肩关节和踝关节的伤害,应在练习前做好充分的准备活动,使各关节灵活自如。

1 拍

2 拍

3 拍

4 拍

5～6 拍　　　　　　7 拍　　　　　　8 拍

图 4-2-10

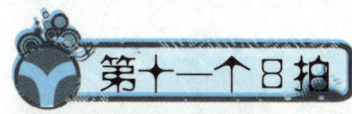

 动作方法 见图 4-2-11

（1）1～2 拍：1 拍，左脚向左侧迈一步，同时右脚向左脚靠拢，右脚脚尖点地，左臂侧平举，右臂下屈 90 度，右拳拳靠近身体，同时头向左侧倒一次；2 拍，两臂上举，呈高举"V"字。

（2）3～4 拍：3 拍，右脚向右侧迈一步，两膝下屈，两手体侧由后向前在髋关节处绕一周，手形呈分开式；4 拍，右脚收回呈直立。

（3）5～6 拍：左脚向左侧迈一步，转体 90 度呈前弓步，右腿伸直，两臂呈下举"V"字。

（4）7～8 拍：身体向右转 90 度，右脚向体前迈出呈前弓步，两臂呈短剑动作。

技术要点

保持身体直立，抬头，挺胸，收腹，面带微笑，落地时膝关节尽量屈膝缓冲，身体重心上提。

1 拍

❀ 错误纠正

练习时易出现不屈膝缓冲或身体重心不随步法移动等问题。因此,应保持上体直立,收腹,立腰,重心随步法移动。

❀ 伤害预防

为减少对膝关节、肩关节和踝关节的伤害,应在练习前做好充分的准备活动,使各关节灵活自如。

2 拍

3～4 拍

5～6 拍

7～8 拍

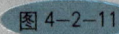

图 4-2-11

第十二个8拍

动作方法 见图 4-2-12

(1)1～4 拍:右脚开始曼步,两臂侧平举,五指张开。

(2)5～6 拍:做向右侧的倒头动作,两臂在体侧下垂,贴紧身体,两手呈掌。

(3)7～8 拍:做向左侧的倒头动作,两臂在体侧下垂,贴紧身体,两手呈掌。

技术要点

保持身体直立,抬头,挺胸,收腹,面带微笑,落地时膝关节尽量屈膝缓冲,身体重心上提。

错误纠正

练习时易出现不屈膝缓冲或身体重心不随步法移动等问题。因此,应保持上体直立,收腹,立腰,重心随步法移动。

伤害预防

为减少对膝关节、肩关节和踝关节的伤害,应在练习前做好充分的准备活动,使各关节灵活自如。

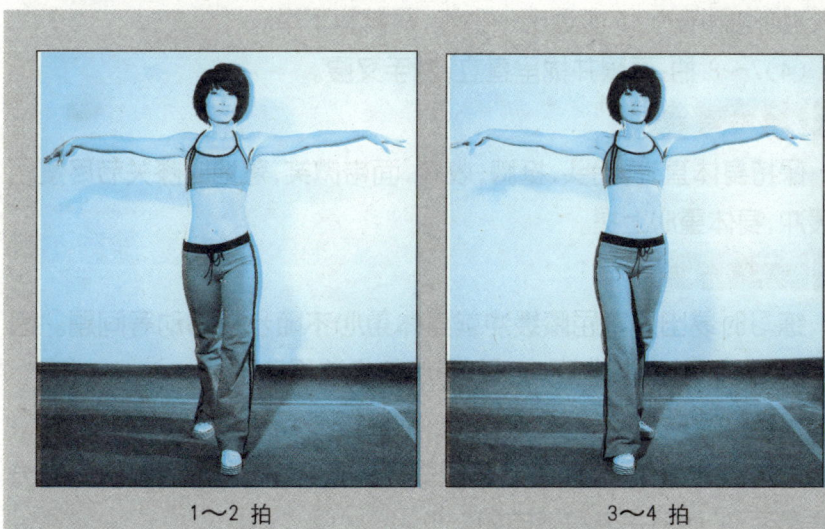

1～2 拍 　　　　　　　3～4 拍

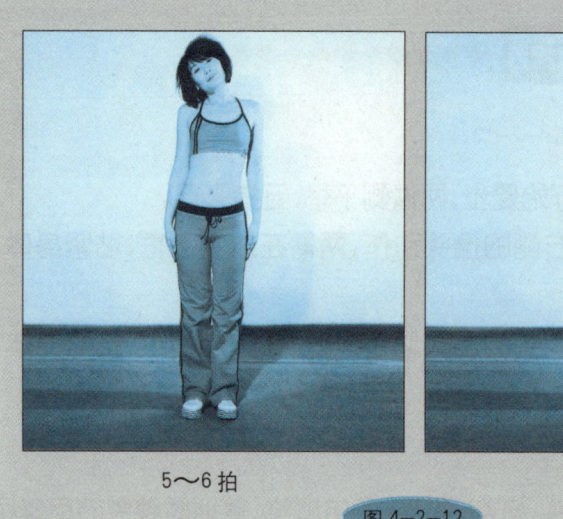

5～6 拍

7～8 拍

图 4-2-12

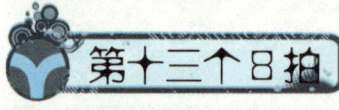

第十三个8拍

❋ **动作方法** 见图 4-2-13

（1）1～2 拍：右脚开始向体前"V"字步，挺胸，抬头，收腹，两臂在体侧自由摆动。

（2）3～4 拍：自右侧向左侧转髋一圈，两臂胸前弯曲。

（3）5～6 拍：5 拍，两腿并拢呈直立，两臂自然下落，靠近身体；6 拍，右腿向斜前方 45 度迈出一小步，两臂斜下举。

（4）7～8 拍：两腿并拢呈直立，两手叉腰。

❋ **技术要点**

保持身体直立，抬头、挺胸，收腹，面带微笑，落地时膝关节尽量屈膝缓冲，身体重心上提。

❋ **错误纠正**

练习时易出现不屈膝缓冲或身体重心不随步法移动等问题。因此，应保持上体直立，收腹，立腰，重心随步法移动。

❋ **伤害预防**

为减少对膝关节、肩关节和踝关节的伤害，应在练习前做好充分的准备活动，使各关节灵活自如。

1 拍	2 拍	3～4 拍
5 拍	6 拍	7～8 拍

图 4-2-13

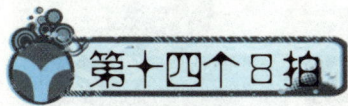

第十四个 8 拍

动作方法 见图 4-2-14

　　(1)1～2 拍:1 拍,左脚向左侧迈出一步,与肩同宽或略宽于肩,腿部、髋部固定,左臂上举,右臂侧平举;2 拍,步伐不变,两臂在体前做

滑落动作,两手呈拳,拳心向内,胸部尽量向一侧移动。

(2)3～4拍:两腿跳呈直立,两手叉腰,尽可能放松。

(3)5～6拍:两腿交替跑步,两臂交替向上冲拳,手臂伸直,尽可能摆于耳朵后侧。

(4)7～8拍:7拍,开合跳,分腿时两脚自然外开,膝关节沿脚尖方向弯曲,跳起与落地时,屈膝缓冲,头部向右侧转,两臂同时向体前冲拳;8拍,两腿并拢呈直立,两手叉腰。

🔆 技术要点

保持身体直立,抬头,挺胸,收腹,面带微笑,落地时膝关节尽量屈膝缓冲,身体重心上提。

🔆 错操纠正

练习时易出现不屈膝缓冲或身体重心不随步法移动等问题。因此,应保持上体直立,收腹,立腰,重心随步法移动。

🔆 伤害预防

为减少对膝关节、肩关节和踝关节的伤害,应在练习前做好充分的准备活动,使各关节灵活自如。

| 1～2拍 | 3～4拍 | 5拍 |

6拍　　　　　　　　　7拍　　　　　　　　　8拍

图 4-2-14

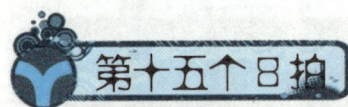 第十五个8拍 ◆◆◆◆◆◆◆◆

动作方法 见图 4-2-15

（1）1～2拍：右脚向体前迈一步，左脚并于右脚，两膝有弹性地缓冲，同时左膝关节内扣，摆髋，两臂在体侧自然摆动。

（2）3～4拍：右脚开始向体前"V"字步，两腿距离与肩同宽或略宽于肩，右脚向前时髋关节向左侧做顶髋动作，左脚向前时髋关节向右侧做顶髋动作，两臂伸直，在体前做交替的外绕环。

（3）5～6拍：5拍，两腿并拢呈直立，两手胸前拍手；6拍，右脚向侧前方迈出呈前弓步，挺胸，两手放于身体两侧。

（4）7～8拍：7拍，头部自左侧向右侧做甩头动作，两手同时摆动至头部两侧，跟随头部以相同的方向绕动，右臂上举，左臂腰侧屈；8拍，两腿并拢呈直立，两臂胸前弯曲。

啦啦操成套动作

技术要点

保持身体直立，抬头，挺胸，收腹，面带微笑，落地时膝关节尽量屈膝缓冲，身体重心上提。

错误纠正

练习时易出现不屈膝缓冲或身体重心不随步法移动等问题。因此，应保持上体直立，收腹，立腰，重心随步法移动。

伤害预防

为减少对膝关节、肩关节和踝关节的伤害，应在练习前做好充分的准备活动，使各关节灵活自如。

| 1拍 | 2拍 | 3～4拍 |
| 5拍 | 6拍 | 7拍 |

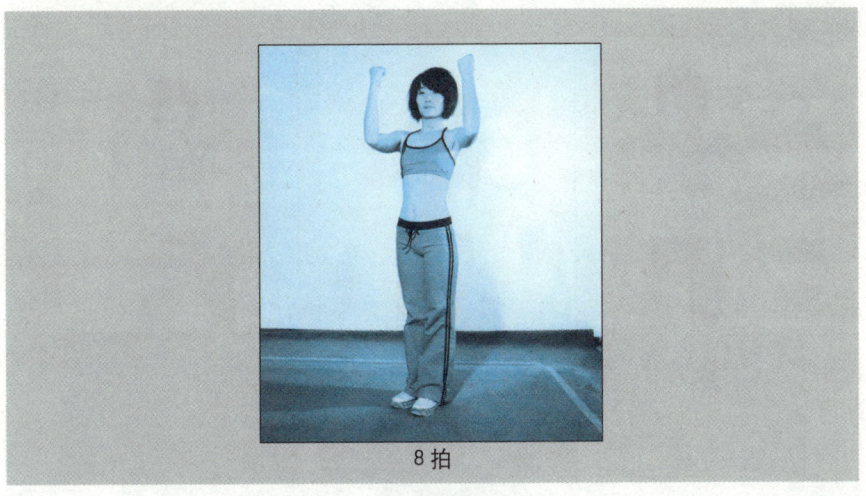

8 拍

图 4-2-15

第十六个 8 拍

动作方法 见图 4-2-16

(1)1～2 拍:左脚开始向体前曼步,两臂内绕 360 度,两手呈拳。

(2)3～4 拍:左右摆髋各一次,两臂做短剑动作。

(3)5～6 拍:5 拍,左脚向左侧迈一步,与肩同宽或略宽于肩,两臂体侧弯举;6 拍,右脚开始做交叉步,两腿屈膝。

(4)7～8 拍:7 拍,左脚向侧左迈一步,与肩同宽或略宽于肩,两臂呈"T"字;8 拍,两腿绷紧还原呈直立,两手直臂在头部上拍手。

技术要点

保持身体直立,抬头,挺胸,收腹,面带微笑,落地时膝关节尽量屈膝缓冲,身体重心上提。

错误纠正

练习时易出现不屈膝缓冲或身体重心不随步法移动等问题。因此,应保持上体直立,收腹,立腰,重心随步法移动。

伤害预防

为减少对膝关节、肩关节和踝关节的伤害,应在练习前做好充分的准备活动,使各关节灵活自如。

啦
啦
操
成
套
动
作

1～2拍　　　　　　　　3拍　　　　　　　　4拍

5拍　　　　　　　　　　6拍

7拍　　　　　　　　　8拍

图4-2-16

第十七个8拍

动作方法 见图4-2-17

(1)1～2拍:1拍,左脚向左侧迈一步,与肩同宽或略宽于肩,右臂斜上举,臂手斜下举;2拍,右腿向左腿靠拢,两臂前平举。

(2)3～4拍:与1～2拍动作相同。

(3)5～8拍:两脚开合跳,两手胸前拍手。

(4)7～8拍:两腿跳起并拢,两手胸前拍手。

技术要点

保持身体直立,抬头,挺胸,收腹,面带微笑,落地时膝关节尽量屈膝缓冲,身体重心上提。

1拍

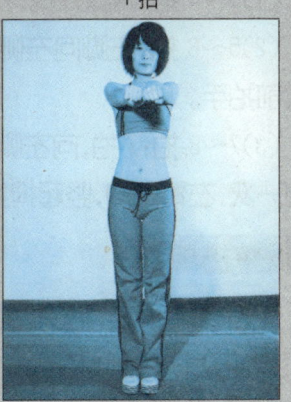

2拍

5～6拍

7～8拍

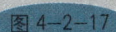
图4-2-17

错误纠正

练习时易出现不屈膝缓冲或身体重心不随步法移动等问题。因此,应保持上体直立,收腹,立腰,重心随步法移动。

伤害预防

为减少对膝关节、肩关节和踝关节的伤害,应在练习前做好充分的准备活动,使各关节灵活自如。

第十八个8拍

动作方法　见图4-2-18

(1)1~4拍:两腿并拢,左右脚各踏步一次,两手胸前拍手。

(2)5~6拍:左脚向左侧迈一步,右脚向侧右踏步一次,与肩同宽,两手胸前拍手。

(3)7~8拍:7拍,向左侧摆髋一次,右臂前伸,竖起拇指;8拍,向右侧摆髋一次,左臂前伸,竖起拇指。

技术要点

保持身体直立,抬头,挺胸,收腹,面带微笑,落地时膝关节尽量屈膝缓冲,身体重心上提。

错误纠正

练习时易出现不屈膝缓冲或身体重心不随步法移动等问题。因此,应保持上体直立,收腹,立腰,重心随步法移动。

伤害预防

为减少对膝关节、肩关节和踝关节的伤害,应在练习前做好充分的准备活动,使各关节灵活自如。

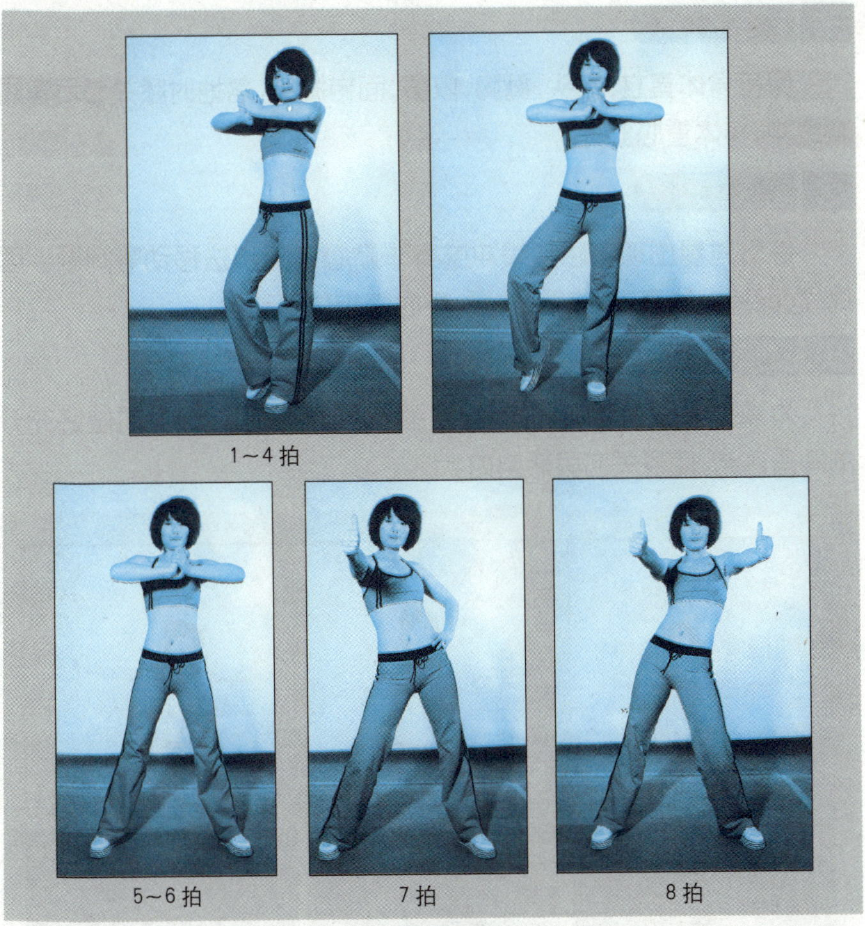

1~4 拍

5~6 拍　　　　　7 拍　　　　　8 拍

图 4—2—18

第十九个 8 拍

动作方法　见图 4—2—19

（1）1～2 拍：1 拍，左脚向体前迈一步，手臂呈右"L"形，左臂贴紧耳朵，右臂侧平举；2 拍，右脚向体前迈一步，手臂呈左"L"形。

（2）3～4 拍：3 拍，左脚向体前迈一步，手臂呈右弓箭手；4 拍，两脚跳起并拢，手臂呈左弓箭手。

（3）5～6 拍：两脚开合跳，两腿屈膝，两手扶两膝。

（4）7～8 拍：两脚跳起并拢，两臂呈高举"V"字，向后侧振臂两次。

❄ 技术要点

保持身体直立,抬头,挺胸,收腹,面带微笑,落地时膝关节尽量屈膝缓冲,身体重心上提。

❄ 错误纠正

练习时易出现不屈膝缓冲或身体重心不随步法移动等问题。因此,应保持上体直立,收腹,立腰,重心随步法移动。

❄ 伤害预防

为减少对膝关节、肩关节和踝关节的伤害,应在练习前做好充分的准备活动,使各关节灵活自如。

1~2 拍

3~4 拍   5~6 拍   7~8 拍

图 4-2-19